LADOB LADOA

Frederico Coelho

LADOB LADOA

Cobogó

Para Mauro Gaspar (Dom Maurex), por tudo
Para Santuza Naves, por ser a origem de tudo

SUMÁRIO

Sobre a coleção **O LIVRO DO DISCO**   9

Parte 1. O RIO DO RAPPA   13

I. Grande angular   15

II. Lados da cidade, lados da vida   16

III. A violência nossa de cada dia   16

IV. O outro   21

V. Uma banda da Baixada   29

VI. Na capa da *Veja*   32

VII. Um reggae com raiva   35

Parênteses biográfico: O meu *LadoB LadoA*   37

VIII. Manifesto   41

IX. Produção, conceito, e composição   42

X. Sucesso   46

Parte 2. O DISCO   49

Faixa um: Tribunal de rua   53

Faixa dois: Me deixa   63

Faixa três: Cristo e Oxalá — 67

Faixa quatro: O que sobrou do céu — 71

Faixa cinco: Se não avisar o bicho pega — 79

Faixa seis: A minha alma (a paz que eu não quero) — 85

Faixa sete: LadoB LadoA — 91

Faixa oito: Favela — 97

Faixa nove: O homem amarelo — 101

Faixa dez: Nó de fumaça — 105

Faixa onze: A todas comunidades do Engenho Novo — 109

Faixa doze: Na palma da mão — 115

Nota final — 119
Bibliografia — 121

Sobre a coleção O **LIVRO DO DISCO**

Há, no Brasil, muitos livros dedicados à música popular, mas existe uma lacuna incompreensível de títulos dedicados exclusivamente aos nossos grandes discos de todos os tempos. Inspirados pela série norte-americana 33 $^1/_3$, da qual estamos publicando volumes essenciais, a coleção O Livro do Disco traz para o público brasileiro textos sobre álbuns que causaram impacto e que de alguma maneira foram cruciais na vida de muita gente. E na nossa também.

Os discos que escolhemos privilegiam o abalo sísmico e o estrondo, mesmo que silencioso, que cada obra causou e segue causando no cenário da música, em seu tempo ou de forma retrospectiva, e não deixam de representar uma visão (uma escuta) dos seus organizadores. Os álbuns selecionados, para nós, são incontornáveis em qualquer mergulho mais fundo na cultura brasileira. E o mesmo critério se aplica aos estrangeiros: discos que, de uma maneira ou de outra, quebraram barreiras, abriram novas searas, definiram paradigmas — dos mais conhecidos aos mais obscuros, o importante é a representatividade e a força do seu impacto na música, e em nós! Desse modo, os autores da coleção são das mais diferentes formações e gerações, escrevendo livremente sobre álbuns que têm relação íntima com sua biografia ou seu interesse por música.

O Livro do Disco é para os fãs de música, mas é também para aqueles que querem ter um contato mais aprofundado, porém acessível, com a história, o contexto e os personagens ao redor de obras históricas.

Pouse os olhos no texto como uma agulha no vinil (um cabeçote na fita ou um feixe de laser no CD) e deixe tocar no volume máximo.

"De geração em geração todos no bairro já conhecem essa lição."

PARTE 1

O RIO DO RAPPA

I. Grande angular

Rio de Janeiro, 1999, fim de século. O governador do estado é Anthony Garotinho e o prefeito da cidade é Luiz Paulo Conde. No carnaval, a Imperatriz Leopoldinense é a campeã na Avenida. A artista plástica norte-americana Jenny Holzer espalha pela cidade suas imensas projeções, com dizeres como "Louco" e "Eu mordo". Em 11 de março, a cidade (e metade do Brasil) mergulha em um blecaute geral. É o ano das mortes de João Cabral de Melo Neto (em seu apartamento na Praia do Flamengo) e de Zé Ketti, compositor e sambista de muitas velhas guardas. A final da Copa do Brasil, decidida entre Botafogo e Juventude, registra a última vez em que o Estádio do Maracanã teve um público acima de cem mil torcedores (101.581). Em abril, oito toneladas de esgoto são despejados por segundo *in natura* nas praias da cidade por conta de um conserto malsucedido do emissário submarino. Marinheiros ingleses são presos por nadarem pelados à noite em Copacabana. A banda carioca O Rappa lança o seu terceiro disco: *LadoB LadoA*.

II. Lados da cidade, lados da vida

Todo morador do Rio de Janeiro que vivesse minimamente nas ruas da cidade — ou, ao menos, que as ouvisse — sabia, em 1999, o que significava a expressão "Lado B / Lado A". Ela era uma síntese da fala urbana para mapear os diversos conflitos que permeavam uma cidade em ebulição. Bairros e favelas inteiras eram divididos entre comandos ligados ao tráfico de drogas. Os constantes enfrentamentos armados entre traficantes e policiais, ou entre facções rivais faziam com que qualquer embate fosse definido através do binarismo Lado B e o Lado A. A gíria, retirada dos dois lados de um disco de vinil, funcionava no contexto carioca a partir da divisão dos "corredores", espaços que definiam a geografia do combate violento e ritmado dos bailes funks durante os anos 1990. Cada "lado" definia seu grupo, sua posição no conflito. Moradores da cidade sabiam exatamente os limites dos lados A e B quando transitavam por quebradas e territórios. Aliás, sabem até hoje. Amigos vizinhos tinham que se encontrar fora de comunidades, pois moravam em ruas de *comandos* rivais. Cores específicas demarcavam quem podia ou não circular por bairros inteiros. Mais do que os territórios, a vida trazia (e ainda traz), sempre embutida em seus dramas e vitórias, os lados A e B de cada um de nós.

III. A violência nossa de cada dia

Em 1999, um filme deu o rosto e os corpos em movimento definitivos da violência urbana carioca. *Notícias de uma guerra particular*, documentário de João Moreira Salles e Katia Lund, apresentava o tema indigesto através de um teor de cinema-

-verdade, cru e direto. Seu ponto de vista imersivo na dinâmica do tráfico de drogas nas favelas e da cúpula de segurança pública do Rio de Janeiro forneceram carne para um imaginário aterrorizado da classe média. Desde os arrastões de 1992 nas praias de Ipanema, uma narrativa conservadora, por parte da população, amarrava de forma naturalizada tráfico de drogas--funk-jovens-negros-favelas. O crescimento vertiginoso das mortes e da corrupção proporcionado pelo embate permanente entre traficantes e agentes da lei alimentava uma imprensa que, ecoando a opinião pública e seus leitores, exigia ordem e monopólio da violência (leia-se extermínio) por parte das forças de segurança do Estado. Até o advento contemporâneo das Unidades de Polícia Pacificadora (UPPs), o quadro era de fim dos tempos. O filme de Salles e Lund trazia a pedrada final na vidraça, ao deixar cristalina a forma como tal situação de violência urbana se entranhara no sistema de poder e na vida cotidiana do carioca, em todas as suas classes sociais. A morte de jovens negros, mulatos e pobres, ampla maioria dos óbitos nas guerras do tráfico, além da de policiais, era uma espécie nefasta de efeito colateral para uma série de políticas públicas equivocadas, como a criminalização dos usuários de drogas e o desdém pela organização habitacional e urbana da cidade.

A produção cultural, além do cinema e da música, também apresentava suas perspectivas sobre o tenso momento carioca. Em um sobrevoo breve sobre o tema, algumas áreas se destacaram na sua aproximação com a dinâmica violenta e paralisante que envolvia o Rio de Janeiro no fim do século. Nas artes visuais, uma estagnação institucional e comercial fez com que coletivos se formassem e atuassem nas fronteiras da arte e do ativismo político, redescobrindo partes abandonadas de bairros e espaços públicos. Entre 1999 e 2001, grupos como o AGORA, Atrocidades Maravilhosas, Orlândia e Hapax mostravam que uma das saídas era ocupar as ruas do Centro, da Avenida Brasil e da Leopoldina, áreas cada vez mais esvaziadas pelo poder público e pela população. No fundamental livro *Cidade ocupada*, Ericson Pires, pesquisador e participante ativo dessas dinâmicas, nos ajuda a entender a eletricidade em volta desse ambiente de abandono e reinvenção do carioca. Ele faz uma reflexão sobre a relação entre arte, política e vida urbana, sintetizando o momento na virada dos séculos:

> Em meados dos anos 2000, houve uma significativa emergência de coletivos, grupos, e/ou propostas que irão primar pela busca e articulação de agenciamentos — em lugar de exclusivas trajetórias individuais —, no campo das produções de arte na cidade do Rio de Janeiro. Essa realidade já vinha se desenhando através da década de 1990, a partir do recrudescimento das atividades do campo — tanto institucionais, quanto de mercado — e do surgimento de uma nova geração de produtores de arte sem possibilidade ou compatibilidade com o cenário que se configurava.[1]

Na literatura, os livros de Patrícia Melo tornam-se uma narrativa popular desse período, assim como outros que dialogam com o mundo de Rubem Fonseca e sua ficção sobre a violência urbana cada vez mais próxima — ou até aquém — dos fatos que ocorriam na cidade. Melo lançou, em 1995, *O matador* e, em 2000, *Inferno*. Dois livros populares, cujos narradores são personagens ligados ao dia a dia carioca do crime. Na lista dos mais vendidos do ano (2001), havia também Drauzio Varella e

---

[1] PIRES, Ericson. *Cidade ocupada*. Rio de Janeiro: Aeroplano, 2007, p. 34.

seu best-seller *Estação Carandiru*, apresentando o cotidiano do famoso complexo penitenciário paulista (parcialmente demolido e desativado em 2002) no período em que o próprio autor trabalhou por lá como médico. Alguns anos depois, tanto *O matador*, de Melo, quanto *Estação Carandiru*, de Varella, tornaram-se filmes (dirigidos, respectivamente, por José Henrique Fonseca[2] e Hector Babenco). Em São Paulo, é também em 2000 que Ferréz lança seu primeiro livro, *Capão pecado,* marcando na cena literária do país uma retomada — e uma renovação — do termo *literatura marginal*. O *escritor marginal* do início do século XXI não é mais o sujeito de classe média ou o intelectual que produz ficções e narrativas de personagens à margem, mas são, sim, esses próprios "personagens" tornando-se os autores e agentes de suas próprias vidas à margem.

Outro caso que tornou-se uma referência mundial sobre a violência carioca do período foi a adaptação cinematográfica do livro *Cidade de Deus*, de Paulo Lins, publicado em 1997. O filme de Fernando Meirelles é de 2002, mas pode ser visto dentro desse momento de reflexão estética sobre a violência urbana carioca — e brasileira, em última instância — do fim do século. Essa violência tornou-se uma espécie de tema geral das pessoas, estado de espírito paranoico que se difundia como o imaginário coletivo de um tempo. Se preparar para o pior, saber como não morrer e falar do medo cotidiano era a linguagem comum das ruas.

Nesse espaço de corpos e linguagens à deriva, portanto, a violência tornava-se um campo de experimentos estéticos e políticos. O tráfico de drogas, com suas falas, suas músicas

---

[2] O livro de Patrícia Melo, filmado por José Henrique Fonseca, chamou--se no cinema *O homem do ano*.

e suas táticas, assim como a vivência na rua e a ausência de respaldo institucional, alimentavam o imaginário de uma série de iniciativas como a cultura do funk. Novos agenciamentos coletivos e transgressores no âmbito da cidade eram inventados, reivindicados e conquistados, como ainda ocorre até hoje. Essa nova dinâmica — cuja força deslocou radicalmente a ideia urbano-economicista de uma cidade com seu centro estável e suas periferias precárias — contagiou a produção musical, a literatura, o cinema, as artes visuais, o teatro, os debates acadêmicos e outros meios que incorporavam tais impasses. Violência, pobreza, arte e ocupação urbana formavam um caldo crítico ao redor dos embates cotidianos na cidade. Caldo este que, de alguma forma, derramou, posteriormente, na cidade durante os protestos de 2013.

Apesar de não termos passeatas e protestos que marcaram a narrativa histórica sobre a época (1999-2000), certamente foi ali, quando o Rappa concebeu *LadoB LadoA*, que as práticas coletivistas e as reinvenções estéticas oriundas da rua começaram a se espraiar pelas novas gerações de criadores, pensadores e ativistas cariocas. Talvez as já chamadas "jornadas de junho" de 2013 (que no Rio de Janeiro duraram até outubro, com a greve dos professores e as constantes ocupações contra o governo estadual do período) tenham sido a eclosão de um longo arco que foi sendo montado na cidade durante os anos 1990 e que, na virada dos séculos, chegava ao seu pico armado de excitação e corrosão. Por causa do final do século XX, o carioca do século XXI é um cidadão sempre com a sensação de que alguém, se não ele mesmo, tem contas a acertar com a cidade e seus moradores.

IV. O outro

A vida nos mostra que a afirmação da diferença cultural, a construção do *outro*, a eleição dos *bárbaros,* são processos que ocorrem cotidianamente no tecido social de qualquer comunidade, seja ela complexa ou não. Nas grandes cidades brasileiras, as representações históricas desses *outros* e suas práticas correspondentes tornam-se, com o passar dos tempos, mais intensas e evidentes. Ao contrário do processo binário simplista de separação entre brancos e negros, pobres e ricos ou alta e baixa cultura que imperaram durante anos no discurso social do país, atualmente os entrecruzamentos desses lugares são bem mais complexos. Seus agentes enunciadores trazem cada vez mais à tona novas formas de demarcar espaços culturais e suas *diferenças.*

Um dos principais, se não o principal eleito para ser o *outro* do Rio de Janeiro durante os anos 1990-2000, foi o que chamarei aqui, de forma estereotipada, de *funkeiro.* Seus imensos bailes, sua rede de rádios comunitárias e seu público massivo, alimentado por suas próprias vivências e experiências estéticas, formaram coletividades que propunham uma nova forma de engajamento artístico e de ação política e social, sem lideranças explícitas, sem controles centralizados, estatutos ou manifestos, e que não se distanciavam nem do capital nem do mercado.

O aspecto fundamental que quero ressaltar sobre o funk carioca (e outras sonoridades oriundas dos mesmos espaços, como o rap e o reggae) é que, mesmo vindo de situações sociais violentas e degradadas, ele foi o caminho para que, através da música, fossem constituídas *formas autônomas* de jovens pobres se imporem no mercado cultural brasileiro e na sua relação com o resto de nossa sociedade e com as instituições. Tanto o funk quanto o rap, e em menor escala o reggae — pelo menos o da Baixada Fluminense, de onde surge o Rappa —, são movimentações estéticas coletivas em que o *consentimento* do mercado cultural sofisticado e dos formadores de opinião não foi, não é e nem será necessário para sua existência.

No funk carioca, o funcionamento de suas festas (com centenas de milhares de frequentadores todos os fins de semana), a manutenção de seus códigos e representações e a alta circulação informal de seus discursos estéticos foram feitos ao longo de suas histórias pelos próprios agentes envolvidos e por seu público, cúmplice dessas propostas. Quando isso tudo foi percebido pelos jornais, pela imprensa e pelos intelectuais, o ritmo e a movimentação coletiva ao seu redor já estavam constituídos como espaço autônomo de ação cultural, política e social desses jovens marginalizados. Até mesmo nos períodos pendulares da década de 1990, em que a classe média, a mídia oficial e os jovens da zona sul incorporaram o funk aos seus hábitos de lazer, os temas e as músicas não foram "ajustados" ao gosto estético do novo público. Ao contrário, quanto mais sucesso era feito, mais as músicas iam ficando apelativas e mais flertavam com o tráfico de drogas. Se nos seus primeiros anos de sucesso o funk carioca tinha como principais hinos músicas com letras trabalhadas e de cunho social como o "Rap do Silva" (cujo refrão era "Ele era funkeiro, mas era pai de família"), quando ele passou a ser produto vendável em programas da Rede Globo de televisão ou de grandes gravadoras em meados dos anos 1990, suas letras e refrãos ficaram mais pesados, reduzidos aos apelos do erotismo e do duplo sentido das danças (como o Bonde do Tigrão e sua "Cerol na mão"). Isso demonstra a força de um gênero musical que continua a movimentar a massa e a afirmar suas referências estéticas e suas músicas, com ou sem sucesso de público. Como afirmou o Dj Marlboro (sem dúvida um dos maiores nomes históricos no funk carioca e brasileiro:

> O funk carioca não tem que olhar na revista pra saber o que vai tocar. Nunca precisou disso. O funk cria os sucessos que depois vão tocar nas boates, em todo lugar... O funk se tornou uma cultura própria exatamente porque ele não faz o que lá fora manda... Não busca o que os outros falam que é bom... O que é bom para a gente pode não ser bom pra ninguém lá fora, mas se é bom pra aqui, tá tocando.[3]

Assim, se impondo de forma autônoma, jovens funkeiros quebraram a barreira do exotismo ao surgirem como coletividades atuantes e contemporâneas, e não como mananciais de tradição cultural, escondidos em favelas e guetos das cidades à espera de sua descoberta por parte das classes altas ou da academia. Acabara o paradigma de "cada um saber seu lugar" dentro da hierarquia cultural do balneário preferido do país. Eles saem da condição de cultura de gueto ou *discurso para iniciados* ao invadirem e penetrarem constantemente no mercado brasileiro de bens culturais, dialogando com seus pares e com leigos que compram ou repelem veementemente seus discursos sobre suas condições sociais e suas impressões sobre os problemas e desafios que os cercam. Funkeiros vivem o cotidiano da cidade e sinalizam, para esta mesma sociedade, que estão presentes, atuantes e falantes.

Analisando um pouco mais a trajetória do funk carioca, sua história e seus mitos, ficam claras as diversas nuances que,

---

[3] MACEDO, Suzana. *DJ Marlboro na terra do funk*. Rio de Janeiro: Dantes, 2003, p. 77.

vistas de forma precipitada, acabam às vezes sendo distorcidas por pesquisadores em geral e comentaristas do tema. A limitação restritiva do tema aos tópicos relativos a sexo e violência, presentes em alguns trabalhos e lugares-comuns sobre funk no Rio de Janeiro, não permitem que se analise de forma mais contundente o papel primordial que tal ritmo musical detém na sociabilidade de uma parcela significativa da juventude carioca que vive, em sua maioria, na periferia da cidade. Apesar de realmente apresentar com frequência esses dois limites discursivos — o sexo e a violência —, o universo criativo do funk vai muito além dessa superfície temática e evidencia uma série de questões estruturais mais relevantes e presentes no funcionamento da sociedade carioca, como a questão dos espaços de lazer e a circularidade da sua juventude pobre; as formas que essa juventude tem para obter acesso a outras opções culturais na cidade; a relação dos criadores e consumidores da música funk com o mercado de bens culturais de massa; o papel que um ritmo musical exerce na sociabilidade dessa juventude vista como marginalizada frente a outros grupos juvenis da cidade; e a própria discussão acerca da aceitação e positivação do funk como manifestação sociocultural autóctone, legítima e representativa de uma imensa parcela da população.

Foi através de elementos como a elaboração de novas práticas culturais, o redimensionamento da tradição e a incorporação criativa e criadora da tecnologia que funkeiros, e todo o público e a comunidade criativa que os cercam, definiram essas formas autônomas e, por isso mesmo, transgressoras de inserção social na história recente do país. Em sua maioria pobres e negros, esses agentes passaram a construir, à revelia do resto da sociedade e de seus discursos oficiais, suas formas de sociabilidade e criação cultural, suas propostas de ascensão social e seus rituais e códigos de pertencimento. Por serem oriundos do tecido urbano esgarçado das grandes metrópoles brasileiras, não podem mais ser vistos como exóticos pela presença maciça e diária que detêm no cotidiano dessas cidades. Não estão escondidos nem em silêncio aguardando uma palavra iluminada e redentora. O Rappa, em 1999, percebe esse "estado de coisas" no ar da cidade e, apesar de não incorporar o funk como linguagem musical, se aproxima bastante desse universo estético e narrativo no que diz respeito à lírica de algumas de suas composições. Eles contribuíram no âmbito da música pop brasileira para que certas vozes conservadoras e preconceituosas tivessem de repensar seus lugares de discurso.

Vale lembrar mais uma vez que a pujança e a energia dos bailes funks começam a surgir de forma positivada na imprensa no início dos anos 1990 como verdadeiras descobertas antropológicas, mas logo tornam-se locais de menosprezo e desconfiança após os primeiros "arrastões" ocorridos nas praias cariocas em 1992. Os jovens "exóticos e distantes" dos bailes tornam-se, após surgirem os elementos que configuravam uma situação de ruptura e da transgressão durante a repercussão desses eventos, o *outro*, ou seja, aquele que demarca a diferença entre "eles" e "nós". Quem anda em algumas regiões do Rio de Janeiro e tem os ouvidos atentos e os olhos abertos (como Marcelo Yuka), sempre pode perceber movimentações, falas, sons, hábitos, roupas que demonstram claramente outras práticas culturais, internalizadas na vida cotidiana da cidade. O impacto da música funk na cultura carioca atinge até mesmo o universo do cidadão que se acha mais distante dela, mais distante daqueles que, nas palavras da psicanalista e teórica Julia Kristeva em sua definição sobre os estrangeiros, traz "o rosto que queima a felicidade dos que se sentem ameaçados por lembrar constantemente que ali existe alguém".4 No caso brasileiro, ricos e classe média, por mais que façam o esforço para se "preservar", vivem nas ruas e, consequentemente, transitam contrariados pelos sons e falas "funkeiras" que permeiam a cidade e atravessam seus referenciais estéticos. Vale ressaltar que essa situação de tensão permanente ganha, no Rio de Janeiro, contornos mais específicos do que outras cidades do país. É porque algumas das suas principais comunidades ficam no meio dos principais bairros ricos da zona sul. A convivência entre seus moradores pontua essa dinâmica em que a "cultura da favela" faz parte do cotidiano de grupos sociais que, aberta ou veladamente, não a deseja.

De modo geral, portanto, podemos afirmar que um disco como *LadoB LadoA* estava em perfeita sintonia com o momento cultural da cidade ao perceber que o mesmo caldo cultural que alimentava o funk e seu universo estético poderia alimentar também suas referências de trabalho. Da mesma forma que o funk narra principalmente o *aqui e agora* do carioca, O Rappa apontou para a constatação de uma situação de ruptura em curso, cujas brechas para um processo de aproximação entre as partes ficaram por muito tempo (ainda estão?) restritas ao âmbito do mercado de bens culturais (bailes que juntam pobres e ricos, discos comprados por jovens de classes abastadas, compartilhamento de vídeos nas redes sociais etc.). O Rappa, portanto, se insere em um espaço-limite entre os polos tensos da cidade, fazendo de sua música uma espécie de narrativa que indica, ao mesmo tempo, a doença e a cura. Como um *pharmakón*, a banda é a droga em seu múltiplo sentido. As letras de Yuka, a voz de Falcão, os arranjos da banda, a capa do disco,

---

[4] KRISTEVA, Julia. "Tocata e fuga para o estrangeiro". In: *Estrangeiros para nós mesmos*. Rio de Janeiro: Rocco, 1994.

os temas das canções, tudo faz com que eles se tornem o que a pesquisadora Sílvia Ramos chamou de "novos mediadores sociais".[5] Para Sílvia, os "novos mediadores" eram participantes de iniciativas culturais surgidas naquele período, promovidas pela sociedade civil em geral. Elas visavam, através da cultura, a pacificação e a inclusão das comunidades conflagradas pela violência. Suas ações eram promovidas por integrantes de ONGs, grupos de teatro, ocupações da cultura hip-hop, oficinas etc. No caso do Rappa, mesmo que seus integrantes não tenham nascido ou morassem em comunidades, eles constantemente estavam vinculados a eventos que promoviam a integração de jovens em situações de violência ou precariedade social. Durante algum tempo, inclusive, a banda manteve uma parceria com o AfroReggae, de Vigário Geral. Tais iniciativas disputavam com o tráfico de drogas o engajamento dos jovens, apostando, para isso, em atividades que os afastassem da vida do crime e tornassem possível o ganho de uma sobrevida para além das estatísticas brutais de homicídios do período. Isto é, em vez de se conformarem com os discursos que situavam esse jovem da periferia no campo da barbárie e do terror, tais mediadores propiciam novas formas de se travar contato entre as diferenças sociais e estabelecem novos parâmetros de associativismo político e ação coletiva no âmbito da sociedade civil. Nesse contexto, O Rappa e suas músicas traduziram para muitos o universo duro desse jovem urbano. Ao mesmo tempo, a banda apontava saídas conciliatórias para a vida do crime através da vida da arte. E a mediação, aqui, não é uma forma de *captura* do mais fraco pelo mais forte, mas sim uma expansão dessa

---

[5] RAMOS, Sílvia. "Respostas brasileiras à violência e novas mediações: o caso do Grupo Cultural AfroReggae e a experiência do projeto Juventude e Polícia". *Ciênc. saúde coletiva* [online]. 2006, vol.11, nº 2.

potência criativa popular, um espraiamento dessa linguagem no tecido mais amplo da cultura pop brasileira.

Sem perder de vista as contradições da banda nos usos constantes de elementos ligados ao universo semântico da violência urbana (como assassinatos, tráfico de drogas, uso de armas de fogo, tumultos), tais questões ligadas a processos de mediação e integração precisam ser levadas em conta ao falarmos da cultura carioca nos anos 1990-2000. Pois é nessa cidade de lados, de facções, de mortes e medos, que o *outro* tornou-se um problema constante. Desconfiar do outro, definir o outro, demarcar o espaço de circulação do outro. O outro é invasor. O outro é perigoso. O outro é inimigo. Alemão. Bárbaro. Playboy. Elite. Suburbano. X-9. O outro deu mole e entrou na rua errada. Morreu queimado no pneu. O outro não sabe o seu lugar e é expulso da praia. O outro com seu som pornográfico tocando alto no rádio do carro velho. O outro visto como exótico antropológico-sociológico-literário-estético na fronteira da civilização iluminista. O outro é um estorvo. O outro é um sucesso.

E como falar então dessa cidade em que os lados não se comunicavam, em que a população não partilhava das mesmas vontades de futuro? Alguns perceberam que a única forma de se falar para todos era ATRAVESSAR a cidade. Criar um discurso sobre ela não do ponto de vista externo, isto é, escolhendo lados, criminalizando minorias, exigindo a lei e a ordem, como se não tivéssemos nada com a crise-limite a que se havia chegado. A saída era falar dela do ponto de vista interno. Falar de dentro, se comprometendo com o quadro geral e buscando entendê-lo com sua própria língua fraturada, com sua autonarrativa sobre o medo, o heroísmo, a morte, a vergonha, a superação, a miséria e a corrupção do poder. A saída era mergulhar nas brechas das gírias, pesquisar a tradição da tragédia social carioca, enxergar sob a bruma do ódio entre classes um homem coletivo, um porvir salvador. Mesmo que, para isso, passássemos pela via--crúcis em que nos arrastamos desde os anos 1980. Foi nesse espaço interno e cúmplice, no cerne do furacão social que sopra eternamente no Rio de Janeiro, que os músicos e compositores do Rappa se instalaram. Em 1999, a banda lança *LadoB LadoA* e deixa registrado no formato de doze canções o testemunho poético-político de toda uma geração que crescia e vivia em meio ao caos social e à riqueza cultural daqueles dias.

V. Uma banda da Baixada

O Rappa que grava *LadoB LadoA* é uma banda cuja origem é fruto da cena de reggae que se desenvolveu na Baixada Fluminense, Rio de Janeiro, durante os anos 1980-90. Seus membros fundadores — Marcelo Yuka, Nelson Meireles (substituído no segundo disco por Lauro Farias), Marcelo Lobato e Xandão — trazem suas biografias ligadas a algumas bandas seminais do ritmo na cidade, como KMD-5, Cidade Negra e Afrika Gumbe. Foi o reggae, aliás, que os juntou em uma única banda, já que eles haviam sido reunidos para acompanhar o cantor jamaicano Papa Winnie nas suas apresentações na cidade, em 1993. A partir dessa reunião, a banda buscou um vocalista através de testes anunciados em uma propaganda de jornal. Marcelo Falcão acabou sendo o selecionado e completou a primeira formação d'O Rappa. O nome escolhido, claro, diz respeito à ação repressora da Polícia Militar e da Guarda Municipal carioca aplicadas em cima dos camelôs do Rio de Janeiro visando a apreensão de suas mercadorias ilegais ou de origem duvidosa. A frase "Olha o rapa!" é a senha para que os mesmos camelôs, de forma veloz e sagaz, possam fugir da repressão, correndo. Uma banda com esse nome (apenas com a duplicação do "P" na sua grafia) já criava uma empatia específica com seu público e afirmava seu lugar de fala na cidade.

A cena de reggae da baixada foi uma das mais fortes do país, ao lado de grandes centros como Salvador e, principalmente, São Luís do Maranhão. Na pobreza econômica de cidades como Belford Roxo e Nova Iguaçu, o culto a Bob Marley, à temática rastafári e ao seu lado de crítica social criou uma cena musical rica e politizada, apresentando uma pauta mais próxima de compositores populares como Bezerra da Silva ou Jovelina Pérola Negra do que ao cancioneiro da MPB. Essa escola musical da Baixada Fluminense também se articulava com o mundo sonoro contemporâneo, já que, na mesma época e região, funcionavam coletivos musicais como o B.U.M. (Brazilian Underground Movement), reunião pioneira no país de DJs de música eletrônica. Interligando essas sonoridades, O Rappa é a banda que consegue fazer com que o reggae da Baixada crie articulações com a virada do ritmo rumo à música eletrônica europeia. Seu trabalho surge e se desenvolve justamente nesse momento de "digitalização" do reggae ao redor do mundo. Baterias e timbres eletrônicos, samplers, scratches foram sendo incorporados nessa sonoridade cosmopolita (que pode ser vista, por exemplo, em uma música "internacionalista" como "Brixton, Bronx ou Baixada", do primeiro disco da banda, *O Rappa*).

Nesse momento, as bases *roots reggae* provenientes das bandas da Baixada mudam definitivamente quando alguns membros da banda (Marcelo Yuka e Marcelo Lobato) viajam para a Europa e se encontram, ainda em 1996-97, com o universo britânico do *jungle* e do *drum and bass*. Ao entrevistar em 2002 o crítico musical e DJ especializado em drum and bass Carlos

Albuquerque, também conhecido como Calbuque, ele afirmou para mim que foram Yuka e Lobato que lhe apresentaram o *jungle* ao voltarem dessa viagem a Londres. Eles chegaram com uma fita cassete do novo ritmo que articulava batidas quebradas, graves sinistros e vocais jamaicanos. Foram tempos gloriosos para os fãs dos graves.

Somado a esse aspecto eletrônico, temos as histórias musicais de cada membro da banda, ligadas ao mundo do samba, do funk, do rap, do hardcore, do pagode e do afrobeat. Esse encontro entre musicalidades criativas de matrizes africana, lastreados por uma base urbano-carioca-popular e por uma abertura ao universo eletrônico fizeram d'O Rappa uma das bandas mais bem sucedidas de sua geração.

LadoB LadoA, porém, é o ponto máximo e último da formação da banda que fez seus três primeiros (e importantes) discos. Com a saída de Marcelo Yuka após seu trágico episódio no final de 2000 (uma tentativa de assalto em que o músico foi baleado e ficou paraplégico), o disco seguinte já trazia um novo momento da banda, com outros planos e outros apelos. O disco de 1999, portanto, foi o que deixou o legado dessa formação inicial, e fecha uma trilogia não explicitada, mas cristalina nas suas transformações sonoras ao redor da poesia, cada dia mais refinada e contundente de Marcelo Yuka. *O Rappa* (1994), *Rappa Mundi* (1996) e *LadoB LadoA* nos mostram como esse Rio do Rappa se impôs em nosso imaginário, com frases que usamos até hoje. Quem nunca ouviu que "todo camburão tem um pouco de navio negreiro" quando acompanhamos as centenas de prisões, no mínimo, questionáveis que ocorrem em nossas cidades? Quem nunca lembrou em momentos tensos da vida que "paz sem voz, não é paz, é medo"? A qualidade sonora do disco de 1999 sublinha e amplia a sonoridade da banda, transformando as letras de Yuka em hinos de gerações. Alguns de seus refrãos e frases, como os citados acima, entraram para o imaginário popular do carioca e do brasileiro.

Em entrevistas feitas durante o lançamento do disco, entre 1999 e 2000, a banda apontava aquele momento como o ponto alto de maturidade musical — e pessoal — de seus integrantes. Estavam todos felizes, com amplas perspectivas de futuro, mesmo que internamente tivessem problemas, como qualquer coletivo musical. A qualidade do disco era a prova concreta e maior dessa realização pessoal. Seu sucesso imediato — vendeu mais de 500 mil cópias desde seu lançamento, sendo que 300 mil nos seus primeiros anos, número expressivo para os dias de hoje — e a repercussão da banda em outros campos além da música fizeram de *LadoB LadoA* um marco definitivo nas suas carreiras, e o ato final de sua união.

VI. Na capa da *Veja*

Em setembro de 1999, a revista *Veja Rio* publica uma matéria de capa com o título "Agitadores". A capa trazia a foto de Marcelo Yuka e Pedro Luís, respectivamente músicos e compositores das bandas O Rappa e Pedro Luís e a Parede. O subtexto da capa era o seguinte: "Favelas, camelôs, brutalidade e festa dão o tom de uma nova militância musical."

Essas duas bandas — ao lado do bem-sucedido porém efêmero Farofa Carioca — tornaram-se durante esse período paradigmas de uma "música carioca" com sotaque local, som contagiante (a "festa") e uma renovadora perspectiva de "engajamento". A expressão "nova militância musical" demonstra, além de uma busca jornalística pela novidade, a percepção de uma mudança na produção musical carioca.

Essa matéria nos mostra o momento de um discurso crítico sobre a cultura carioca que buscava relacionar diretamente propostas estéticas e atuação social. Os músicos d'O Rappa praticavam trabalhos sociais com ONGs e movimentos civis, associações de moradores de comunidades carentes, rádios comunitárias etc. Assim, sua própria imagem e performance pública, vinculadas a ações para além do palco e do disco, faziam com que a imprensa destacasse essa "nova militância" na música pop carioca.

A matéria de capa da *Veja Rio* falava, portanto, de dois compositores — Yuka e Pedro Luís — e suas respectivas bandas — O Rappa e Pedro Luís e a Parede — que despontavam como bons vendedores de discos e, principalmente, bons letristas. Suas composições falavam diretamente dos problemas sociais do Rio e chamavam a atenção dos críticos e formadores de opinião pela sua poesia urbana. Yuka e Pedro Luís são vistos como compositores que denunciam o encontro e o embate das desigualdades cariocas. A crueza e seriedade de seus versos e a capacidade de serem cronistas musicais das ruas davam ressonância a seus trabalhos em um momento de agudo conflito social.

Marcelo Yuka, nascido e criado em Campo Grande, zona oeste da cidade, tem seu perfil traçado para o grande público, pela revista, desde sua origem nas bandas de reggae da Baixada Fluminense até o sucesso com *LadoB LadoA*. Na matéria, a trajetória de Yuka e o crescimento d'O Rappa são associados ao surgimento, nos anos 1990, de uma série de bandas independentes oriundas dos subúrbios ou de áreas menos nobres da cidade, como a Lapa. A principal banda desse universo, ao lado d'O Rappa, foi o Planet Hemp. As duas bandas começaram a ser destaque na cidade durante o ano de 1996, através de matérias dedicadas ao estilo musical — e de vida — de seus membros. Batizados por eles mesmos de *Hemp Family*, essas bandas — que ainda traziam Funk Fuckers, Squaws e Black Alien — associaram a atitude musical punk do "faça-você-mesmo" com a malandragem dos morros e subúrbios do Rio. Com suas vidas fronteiriças entre os botequins do subúrbio, a cultura do skate, o funk, o hip hop e as roupas da moda (a *hemp family* foi personagem de um editorial de moda na *Revista de Domingo* do *Jornal do Brasil*, em 17 de novembro de 1996), eles resgatavam uma forma bem-humorada dos músicos se posicionarem frente aos problemas sociais. Reproduzindo alguns dos "mandamentos" presentes nas canções do sambista — e patrono da *Hemp Family* — Bezerra da Silva, situam seu trabalho na fronteira da cidade, como uma nova "malandragem", em constante contato com a intelectualidade e a contravenção.

A defesa da legalização da maconha como bandeira — principalmente do Planet Hemp — era mais um elemento que conectava uma série de músicos que se conheciam das cenas underground da cidade com um público ativo e fiel. Seu grande ponto de encontro, a famosa casa de show Garage, localizada nas imediações da Vila Mimosa, na Praça da Bandeira, era um espaço ecumênico de bandas de rap, rock, punk, *hardcore*, reggae, enfim, todas as tendências musicais independentes. Com a ausência forçada do Circo Voador (fechado em 1996), o Garage se consolidou nessa época como espaço de aglutinação e criação musical. Por ser na parte central da cidade, ou seja, no espaço em que moradores de diferentes regiões, gostos e classes sociais afluem cotidianamente para trabalhar e se divertir, formou uma coletividade pulsante e mais integrada aos novos tempos das ruas cariocas. Junto com O Rappa e o Planet Hemp, uma forte movimentação independente ligada ao rap, ao reggae, ao dub e a outros ritmos urbanos internacionais se consolidou na cidade. É o período em que ocorriam na Lapa eventos como a reocupação da Fundição Progresso pela Babilônia Feira Hype e festas rave como a BITCH e Val Demente, além da festa Zoeira Hip Hop, que revelou para muitos o potencial das bandas de rap locais. Produzida por Elza Cohen desde 1994, a Zoeira funcionou durante vários anos no bairro histórico como principal ponto da cultura hip-hop carioca. Foi Elza também quem produziu o Superdemo, festival de bandas independentes e nome de um selo da Sony Music, responsável pelo lançamento do Planet Hemp em 1995. É nesse contexto, entre bandas de rap, festas de forró e de música eletrônica, retomada das rodas de samba e bandas de hardcore, que O Rappa lança seus dois primeiros discos.

VII. Um reggae com raiva

Os dois primeiros discos d'O Rappa construíram paulatinamente a reputação política e a fórmula musical da banda. *O Rappa*, de 1994, passou desapercebido pelo público, apesar de sua qualidade dentro de sua proposta, isto é, uma perspectiva mais afiada do reggae. Nesse período, outra banda oriunda da Baixada Fluminense dava as cartas nas rádios. O Cidade Negra, renovado com a saída de Ras Bernardo e a entrada de Toni Garrido, lançava o sucesso *Sobre todas as forças*, disco que trazia hits instantâneos como "Querem meu sangue", "Doutor", "Onde você mora" e "Casa". Outra banda ligada inicialmente ao universo do reggae, o grupo mineiro Skank, lançava no mesmo ano *Calango*, outro disco que, como o do Cidade Negra, emplacou uma série de hits, colou o reggae no imaginário pop do país a um universo descontraído, solar e com forte ligação com a canção popular. A praia d'O Rappa, já no primeiro disco, era outra. Isso podia ser visto desde sua capa estampando o rosto de um jovem negro anônimo, passando pela escolha do repertório, pelas letras com forte traço de crítica social e pela abertura a vertentes mais soturnas do reggae como o dub e o ragga. Além do mais, quando dialogou com a música brasileira, a banda não foi em direção ao universo da MPB radiofônica (como o Cidade Negra, gravando composições de Nando Reis e Marisa Monte ou no caso do Skank, de Roberto e Erasmo Carlos), mas sim em direção ao pagode transgressor de Bezerra da Silva ou ao violão de, na época, um redivivo Jorge Ben (a caminho de se tornar Jorge Ben Jor).

O Rappa, em 1994, não era a visão mais palatável nem do reggae, nem da cidade, nem do país. "Todo camburão tem um pouco de navio negreiro" ou "Brixton, Bronx e Baixada" já davam o tom contundente do disco e tornaram-se "clássicos" para os fãs mais antigos da banda, pois vale destacar que, dentre os aficionados por reggae e os que buscavam novos sons na música brasileira, o disco não passou desapercebido. Só que, em meio aos carros-chefes de gravadoras do período, cujos últimos e grandiosos investimentos apostavam em centenas de milhares ou até mesmo milhões de cópias (como foram os casos de Skank, que vendeu 1,2 milhão de discos e do Cidade Negra, com oitocentos mil), o primeiro disco de Yuka, Falcão, Xandão, Lobato e Meirelles teve pouca repercussão.

Não foi o caso, porém, de *Rappa Mundi*, segundo disco do grupo. Já com Lauro Farias no baixo, a banda conseguiu produzir uma série de hits entre composições originais e regravações bem-sucedidas. Lançado em 1996, o cenário musical brasileiro ainda estava distante dos primeiros baques financeiros que a internet daria na indústria fonográfica alguns anos depois. Produzido por Liminha (o mesmo produtor do disco bem-sucedido do Cidade Negra de 1994 e do disco seguinte da banda, *O Erê*, também de 1996), O Rappa finalmente chegava de forma massiva nas rádios e na MTV com músicas como "A feira", "Pescador de ilusões" e "Tumulto" (todas de Marcelo Yuka), além de "Miséria S.A." (de Pedro Luís), e das regravações de "Vapor barato" (Waly Salomão e Jards Macalé), "Ile Ayê" (Paulinho Camafeu) e da versão de "Hey Joe", de Jimi Hendrix. Com o sucesso, a banda finalmente consegue uma agenda constante de shows pelo país. Ampliando seu público e vivendo juntos na estrada, tiveram mais tempo para compor as músicas do novo disco. Também podiam, dessa vez, produzir o trabalho da melhor forma possível, dentro de um formato mais intimista e orgânico do que os dois discos anteriores, gravados no formato tradicional dos grandes estúdios. Era o embrião de *LadoB LadoA*.

Parênteses biográfico: O meu *LadoB LadoA*

Em 1999, eu morava na Freguesia, bairro da região de Jacarepaguá. Minha área era a Estrada do Pau-Ferro, suas pedreiras abandonadas, um condomínio de casas perto do Sanatório da Marinha (chamado ironicamente de "Suíça carioca"), pequenas favelas rurais e a rua Geminiano Góes, onde eu residia. Estudava história no Instituto de Filosofia e Ciências Sociais da UFRJ, conhecido como IFCS. De fato, tinha acabado de iniciar o meu mestrado. Ia para a faculdade, desde 1994, no lotado ônibus 240 da Redentor, linha Cidade de Deus-Praça XV. Fazia uma espécie de militância cultural em uma rádio da faculdade, a Rádio Pulga, e a partir dela comecei a me interessar por música como atividade profissional. Tinha bandas, fazia festas, circulava pela cidade para ver shows.

Nesta época, 1999, eu tocava bateria em uma banda chamada União Responsa do Samba Solto (URSS). Um dos meus amigos de banda tinha comprado *LadoB LadoA* e não tinha curtido o disco em sua primeira audição. Nas clássicas resenhas pós-ensaio que tínhamos no botequim Esmeril, da rua Álvaro Ramos, em Botafogo, acabei ganhando do meu amigo o disco. Foi sua rejeição pelo disco d'O Rappa, portanto, que fez o mesmo parar nas minhas mãos. Nesse período, eu ouvia com especial vício bandas como Radiohead, Chemical Brothers, Sonic Youth, Asian Dub Foundation, Beck, além de Jorge Ben, Paulinho da Viola, Nação Zumbi, Novos Baianos, Mundo Livre S/A e outras coisas espalhadas. Apesar de conhecer as principais músicas dos discos anteriores, O Rappa não era uma banda que eu pessoalmente acompanhava. Mas foi só ouvir em casa, sozinho, *LadoB LadoA*, que isso mudou. O que a banda estava cantando e tocando era exatamente o que eu pensava sobre a cidade, sobre as ruas, sobre a vida. As letras de Marcelo Yuka, as levadas consistentes e os grooves entre efeitos, graves, dubs e scratches, atingiam em cheio o que eu buscava sonoramente em bandas. Claro que, por ser pop, por estar em evidência nas rádios, eu tinha uma série de críticas, desde o desempenho um pouco exagerado do vocalista Falcão em algumas faixas, até uma ou outra música que não me convencia. Mas era inegável, desde a primeira audição, que o texto do disco, o que estava sendo dito pela banda ali, era forte. Comecei a ouvir o disco com frequência.

No ano seguinte, 2000, passei alguns meses morando em Manhattan, Nova York. Durante minhas viagens de metrô ou nas longas caminhadas solitárias pela ilha, ouvia música constantemente, para me isolar da solidão urbana e para circular com mais agilidade pelas imensas retas da "Babylon". Lá, quando qualquer música do *LadoB LadoA* tocava nos fones de ouvido de um velho *discman*, ficava impressionado com a forma como o Rio de Janeiro que estava distante se mostrava encapsulado naquelas canções em toda sua fúria e atração. Olhava/ouvia de fora a cidade, mesmo que por breve tempo, e as coisas explodiam na minha mente em suas cores surreais. Estava tudo ali. Passado, presente e futuro.

Lendo, na época (fevereiro de 2000), as notícias dos jornais pela internet, me lembro de saber de uma chacina ocorrida na Nova Holanda, uma comunidade carioca. As primeiras notícias que correram diziam que mercenários angolanos podiam estar entre os envolvidos no caso e, talvez, estivessem ensinado aos traficantes da região táticas de guerrilha aprendidas durante as guerras do país. Essa informação, mesmo que não tenha sido confirmada posteriormente, me abriu uma janela para um imaginário delirante sobre os (des)caminhos da cidade. A sensação de terror e de derrota que se abateu sobre mim ao ler a notícia fez com que eu escrevesse, na época, o texto a seguir:

Africanos na Nova Holanda: fundo do poço e fiel da balança

A favela se chama NOVA HOLANDA. São vielas que não lembram as casas belas de Amsterdam. São casebres de zinco, reboco de tijolo e parede de mutirão. Empregadas e garçons, pedreiros e trocadores zanzam pelas ruas onde crianças nuas correm pelos valões abertos de esgoto. O asfalto roto rasgado pelo tempo e a falência do estado cimenta o pó na venta dos viciados que frequentam os "estabelecimentos" do comércio ilegal. O traficante sorri ao lado com fuzil pendurado — sem camisa e de boné da Nike. É choque de monstro e não tem caô. NÃO

TEM CAÔ. De repente caminhões-baú adentram o local. Nova Holanda é invadida e não é de caravela ou de navio. Dissera que foram angolanos degredados de um país com anos a fio de guerrilhas fratricidas. Procurados pela ONU, seriam guerreiros mercenários que adentraram o cenário que até então se acostumara com os traficas zé mané, os moleques da dedé, da diná ou do zezinho. Eram apenas funkeiros, prestando serviço pra chefia que morava em outra boca. Numa boa, nunca marcavam tôca. Agora, eram fuzilados por homens em uniformes camuflados, tinham os dedos cortados e as cabeças queimadas. Passavam na frente das crianças e velhotas sentadas na rua, as deixando com a boca torta de pânico (o que eram aqueles guerreiros que não tinham perdão e atiravam em quem passasse, seja lá o que rodasse na frente dos home?). O bicho pegando e o vapor gritou some daqui que a bala e as bombas eu nunca vi. Eram africanos da guerrilha na Nova Holanda da Maré. Isso não é a invasão tão esperada dos negros colonialmente chacinados na Europa iluminada. Isso é a noite de sexta-feira, 4 de fevereiro, no verão fedorento e poluído de 2000 no Rio de Janeiro. A barbárie domingueira, numa vila brasileira.

Era o fim do século, estávamos entre a renovação da utopia universal do Ocidente e a descrença total de que seria possível alguma coisa boa acontecer, já que a cidade afundava na espiral do caos urbano. O mundo passava por uma forte crise econômica que desvalorizava o Real e quebrava sua lua de mel com a população brasileira, costurada desde sua implementação em 1994-95.

O que a banda apontou em *Rappa Mundi* com faixas como "Tumulto", "Eu quero ver gol" e "Miséria S.A." estava se espalhando pelas cidades brasileiras e pelo Rio de Janeiro, em especial. Marcelo Yuka despontava como um letrista com rara sensibilidade para traduzir a angústia do cidadão que vivia entre os distintos territórios da cidade. A banda começava a falar a língua das ruas, usando o imaginário popular contemporâneo, que envolvia futebol, violência, bailes funk, Jorge Ben, abusos policiais, o dia a dia marginalizado dos camelôs, a ida à praia, a geral do Maracanã, os ônibus, os botecos, as redes populares de solidariedade, a cultura das favelas, o tráfico de drogas, as rodas de samba, o subúrbio, a maconha, a competição capitalista, os dilemas criativos do artista e muitos outros espaços e pensamentos que amarravam as ruas do Rio. Uma espécie de energia da revolta que vibrava em várias situações era captada pelos membros d'O Rappa e começavam a fazer a sua fama. Eu era mais um dos jovens em trânsito na cidade, ouvindo suas músicas e, através delas, ampliando o vocabulário sobre o meu próprio território.

VIII. Manifesto

No encarte de *Rappa Mundi* (1996), há uma foto dos membros da banda dentro de um camburão da PM carioca, já mostrando sua escolha por um dos eixos narrativos que circulavam naquele período. Ao lado da sugestiva foto, a banda apresentava para o futuro suas bases filosóficas, suas referências estéticas e suas lutas. O texto é de Marcelo Yuka:

> O Rappa-mundi. **Universo onde:** a diáspora, botecos, camelôs, ervas que curam e acalmam, glauber, joão saldanha, certos ditos populares, poesia dos vestígios, praias urbanas, despachos ecumênicos, ritmistas etc. **Interagem com:** o

ômega point, waly salomão, leonardo boff, diversões baratas ou emprestadas, "mexânicos", comunidades virtuais, fábricas de esperanças, sebos, brechós, a corriqueira presença da violência e os olhos de iara lee. Divirtam-se!

IX. Produção, conceito, e composição

Para gravar o *LadoB LadoA*, a banda convidou o consagrado produtor Chico Neves. Chico, que tinha no currículo discos dos Paralamas do Sucesso, de Lenine e de Arnaldo Antunes, teve participação direta na sonoridade que os músicos conseguiram alcançar. A direção artística ficou com outro produtor fundamental para a carreira da banda, Tom Capone. Duas faixas, "LadoB LadoA" e "Na palma da mão", foram produzidas pela lenda do baixo, o norte-americano Bill Laswell. Sua capa, um trabalho gráfico do artista nova-iorquino Doze Green, reproduz figuras e situações que são narradas no disco, todas emulando o universo popular das favelas cariocas e da violência urbana. A PM, o traficante com a camisa amarrada no rosto (como um pré-black bloc) e o jogo do bicho fazem um primeiro plano que torna as imagens rapidamente identificáveis para os olhos de um carioca.

Apesar de ter sido lançado na época apenas em CD, o encarte do disco traz uma divisão de lados, como nos antigos LPs de vinil. O primeiro lado, ao contrário do comum, é o Lado B. Ele traz as faixas "Tribunal de rua", "Me deixa", "Cristo e Oxalá", "O que sobrou do céu", "Se não avisar o bicho pega" e "Minha alma (a paz que não quero)". Já o segundo lado, o Lado A, traz "LadoB LadoA", "Favela", "Homem amarelo", "Nó de fumaça", "A todas as comunidades do Engenho Novo" e "Na palma da mão".

Os títulos das músicas, por si só, já mostravam sobre o que tratava o disco. Havia ali um material amarrado por uma vontade de falar sobre uma cidade que ignorava a complexidade dos sentimentos de uma parcela ampla, porém oprimida de sua população. Quem eram os marginais do poder público que corrompiam polícias e bandidos? Quem vivia na verdade preso entre grades? Como viver entre carros blindados e chacinas tacitamente toleradas pela opinião pública? O jovem urbano do Rio de Janeiro daquele período vivia sobressaltado. O público da banda era arco e flecha das suas letras sobre o cotidiano das ruas. O Rappa sabia disso, e seu compositor principal, Marcelo Yuka, escrevia sobre nossa incapacidade de mudar, mesmo querendo mudar. Dizia nas letras que não podia ficar em paz em um mundo de mortes, que não se podia desistir de buscar o que sobrou do céu. Yuka e sua banda sabiam como falavam (e como falar com) o estudante, o traficante, o menino de rua, o funkeiro da quadra, o policial do achaque, o camelô das ruas. E essa conversa urbana, vale ressaltar, não foi feita no formato musical mais comum da época, isto é, o rap. Apesar de ter diálogos sonoros com o ritmo, as melodias de Falcão e as bases da banda não eram propriamente ligadas ao universo do rap. Nesse sentido, apesar da contundência de suas letras, a banda não reivindicava a retórica mais engajada do rap brasileiro de então, ligado principalmente aos grupos das periferias de São Paulo, Brasília ou Rio de Janeiro.

Vale aqui um breve comentário sobre esse tema. Em 1997, dois anos antes, portanto, do lançamento de *LadoB LadoA*, os Racionais MCs, grupo paulista do bairro do Capão Redondo, tinham lançado um dos discos mais importantes da música brasileira de todos os tempos: *Sobrevivendo no inferno.* Suas músicas feitas a partir das bases de KL Jay e das letras de Mano

Brown, Ice Blue e Ed Rock eram, para usarmos uma expressão que dá título ao livro de Ferrez, escritor do mesmo Capão Redondo, um "manual prático do ódio". Decididos a definir claramente os espaços da divisão social brasileira, os Racionais denunciavam de forma direta, potente e cortante os dilemas de um jovem pobre e negro na cidade de São Paulo. A música "Capítulo 4, Versículo 3", um dos hinos da juventude que habita a periferia das cidades, traz todos os ingredientes que, em 2013 e 2014, eclodiram e, às vezes, ainda eclodem no país. Em assombrosos oito minutos, eles anunciaram muito do que estamos vendo explodir nos últimos anos. A ostentação das marcas da moda na juventude pobre de São Paulo, a religiosidade popular-protestante que cria laços profundos de reciprocidade nas comunidades, o consumo endêmico de drogas, o rolé no shopping com os playboys, o inconformismo da juventude pobre com o abismo social, o cidadão-consumidor do capitalismo contemporâneo, uma ideia universal e potente de periferia brasileira, a denúncia do racismo histórico, a precariedade estatística do jovem pobre e negro no país, e, principalmente, o ódio de classe como arma/dispositivo estratégico para a manutenção da dignidade e da autonomia subjetiva em meio ao caos social. Estava tudo isso lá.

Marcelo Yuka, letrista de nove das doze canções de *LadoB LadoA*, não era um morador da zona leste de São Paulo nem mesmo um morador de comunidade no Rio de Janeiro. Apesar de politicamente compartilhar do mesmo ponto de vista dos Racionais, sua raiva era expressa de outra forma. Se fizermos um diálogo nos mundos d'O Rappa e dos Racionais, veremos alguns paralelos que, guardadas as distâncias geográficas e estéticas entre Rio e São Paulo, mostram um retrato contundente da violência cotidiana na vida do trabalhador brasileiro. Claro que, através da própria performance musical, também mostram a saída redentora pela arte. Para os Racionais, a denúncia da chaga é o cerne de seu discurso. Para O Rappa, a busca da cura é sua meta. Se um não dará sossego à elite e sempre lembrará a dimensão do pesadelo, o outro aponta saídas através do encontro, da integração e do afeto.

Yuka, compositor de oito das doze faixas do disco, dominou — e ainda domina — como poucos a língua de seu tempo. Sabia falar da violência, da morte e do crime sem ser moralista ou sem precisar "tomar partido". Seus narradores, seja em primeira ou terceira pessoa, sempre apontam um corpo em busca de redenção ou de justiça. Os assuntos, atravessados pela crise carioca da época, falavam da falência do trabalho formal para os jovens pobres da cidade (e, ao mesmo tempo, da ética do trabalho como espaço de redenção subjetiva do sujeito). Mas ao invés de demarcar o conflito, Yuka concentra suas forças na busca, mesmo que falida, da esperança de dias melhores para todos. Os caminhos, para além das quebradas e da comunidade, podiam ser obtidos na riqueza cultural das diferenças, compondo a síntese de uma língua urbana.

Sobre esse último ponto, podemos equiparar o trabalho de Yuka a uma linhagem transgressora de escritores-poetas-compositores que conseguem atingir esse uso popular da língua. Uma linhagem que vai de Noel Rosa a Antonio Fraga, de Fausto Fawcett a B Negão, de Ricardo Chacal a Black Alien. Yuka sabe ouvir o mundo ao seu redor e soube transformá-lo na fina-flor de *LadoB LadoA*. "Chapa quente", "Os homens" (em referência à polícia), "Quando o rodo passar", "Guerreiro ninja", além do próprio título do disco, são alguns dos exemplos que temos ao longo das suas doze faixas.

X. Sucesso

Apesar desse universo de encontros e possíveis saídas para os impasses sociais cariocas presentes nas letras de *LadoB LadoA*, O Rappa ainda preservava algo em comum com os Racionais: a realidade social brasileira não permitia uma perspectiva acrítica do mundo. Como disse acima, O Rappa não era uma banda de rap e não tinha como obrigação — ou estilo — o discurso corrosivo em primeira pessoa. Apesar disso, as letras de Yuka e as demais composições do disco sempre comentaram temas polêmicos como racismo, corrupção política, violência policial etc. Só que O Rappa contava suas histórias de forma concisa, indireta, agregando muitas vozes, inventando personagens coletivos.

Se no primeiro disco, de 1994, a temática social era mais crua e direta como em "Todo camburão tem um pouco de navio negreiro" ou "Fogo cruzado", em *Rappa Mundi,* o disco de 1996, o que se impõe é o traço solar-coletivo como ponto de vista da crítica. Essa mudança foi fundamental para um perfil pop e para o sucesso que a banda atingiu. Uma canção como "Tumulto", por exemplo, já falava da violência como "inconsciente popular" e anunciava o caos social que era eminente no ventre de nossa desigualdade social ("panela batendo / toca fogo no pneu / põe barricada / velhos, senhoras e crianças / a molecada pula debocha e dá risada / parece brincadeira, mas não é / a comunidade não aguenta mais tanto tempo sem água"). Sua levada, porém, era grooveada e boa de ouvir. Ela podia ser tocada em pistas de dança e rádios por conta do seu formato pop. Já em "Eu quero ver gol" novamente o narrador da canção enfileira situações típicas do jovem suburbano carioca, que no verão vai de ônibus lotado para a praia da zona sul, com toda a tensão, todo o tesão e toda a diversão transgressora do programa que termina na geral do Maracanã. O jovem que era visto como agente da violência tinha ali seu momento sagrado de lazer sendo narrado de forma positiva, lúdica e sagaz. Ao ouvirmos suas músicas dessa época, sabemos exatamente que tipo social é aquele ali representado ("Miséria S.A." e "A feira" também entram nessa lista). Tal competência dos músicos e a excelência das letras de Marcelo Yuka fizeram com que o repertório da banda circulasse por diferentes níveis sociais e diferentes frentes de mídia. Das rádios comunitárias às grandes emissoras nacionais, O Rappa começava a marcar o cenário musical do país.

Três anos depois, os mesmos temas que já percorrem de forma solar o universo sonoro e poético d'O Rappa no seu segundo disco ganham no terceiro um desdobramento mais soturno. Se aproximam mais da perspectiva corrosiva dos Racionais e se afastam da levada mais pop de bandas como Pedro Luís e a Parede, de quem gravaram "Miséria S.A.". Mesmo assim, os temas ligados à cultura urbana carioca, ao universo estético e político das regiões mais pobres da cidade, à malandragem do carioca na margem do sistema em seu enfrentamento diário da violência e da corrupção, ao lazer como espaço fundamental de invenção de uma nova vida possível, tudo isso já estava lá, no *Rappa Mundi*. Só que as narrativas ainda os ligavam a um Rio de Janeiro que vai à praia e ao Maracanã ("Eu quero ver gol"), que usa o ônibus para circular pela cidade ("Miséria S.A."), que pratica o ilícito de forma divertida ("A feira"), que consegue cantar no mesmo refrão "violência e diversão" ("O homem bomba"). Um Rio que emulava o clima coletivo-catártico dos bailes funks, dos chamados "arrastões", das brigas de torcida nos estádios e ruas, do tráfico de drogas, da camelotagem e sua batalha contra Guardas Municipais. Esse lado, mesmo pesado, era lido e contado pela banda em arranjos dançantes, que dialogavam com as vertentes pops e eletrônicas da época. Mais do que um disco voltado para a descoberta de um som e de um discurso poético que explodiria em excelência três anos depois, *Rappa Mundi* torna-se a contraface (ou espécie de prólogo) do disco seguinte. O "mundo do Rappa" já trazia o Rio de Janeiro dos anos 1990, com suas falências, reinvenções e contradições. Três anos depois, a banda deu o passo além.

Em *LadoB LadoA,* portanto, as dinâmicas urbanas da cidade ficam mais precárias e seu tecido social mais esgarçado. Os heróis das canções são mais introspectivos, refletindo abstratamente sobre sua condição, ou, no sentido radicalmente oposto, são pura ação, pois estão dentro do processo da violência, seja como vítima, seja como agente. A produção sofisticada consegue sustentar um clima pop, porém com maior contundência e complexidade sonora. Yuka e a banda inventam "O homem amarelo", falam do "sangue ruim", dão sustância subjetiva aos que participam heroicamente do tráfico e aos que temem sua violência.

PARTE 2
O DISCO

Analisar um disco pode seguir diversos formatos, desde discussões técnicas sobre sua gravação até divagações poéticas sobre as suas composições. Nesta parte do livro, farei um pouco da primeira e bastante da segunda opção. Me dedicarei a levantar hipóteses e leituras a respeito das letras de cada uma das faixas. Além disso, farei breves comentários sobre gravações e arranjos, quando for o caso.

Vale ressaltar que faço, deliberadamente, uma escolha bem clara na leitura das letras. Por ter escrito o livro há tempo de ler a autobiografia de Marcelo Yuka, *Não se preocupe comigo* (2014),[6] algumas das composições abaixo já ganharam para a história suas explicações mais diretas e concretas. Yuka fala de muitas delas em seus livros (o outro é *Astronauta daqui*, 2013), nos dando contextos exatos do momento e do porquê foram compostas. Mesmo assim, achei que valia a pena experimentar uma leitura livre de cada uma delas. Colocar em perspectiva não a origem histórica da composição, mas sim sua apropriação pelo ouvinte daquele momento. Tecer comentários sobre como ouvíamos cada faixa do *LadoB LadoA*, em 1999, sem me pre-

---

[6] LEVINSON, Bruno. *Não se preocupe comigo — Marcelo Yuka*. Rio de Janeiro: Sextante, 2014.

ocupar com a distância que muitas vezes a intenção inicial tem da leitura que proponho. Aliás, preferi justamente investir nessa distância e, quanto mais livre, mais ampla a leitura e seus (des)caminhos. Se interpretar é uma operação perigosa e tendenciosa, assumo aqui os riscos em prol de uma fruição poética pessoal dos temas propostos pela banda.

Assim, uma faixa como "Me deixa", cuja gênese é totalmente corriqueira (Yuka falta a um dos ensaios da banda para ir à praia com uma amiga), pode se tornar um hino de liberdade dos que vivem oprimidos pelo mundo do trabalho e sua engrenagem infinita esmagando vidas. "Tribunal de rua", uma "dura" de policiais vivida por Yuka e outros membros da banda, torna-se o relato definitivo de gerações e gerações que "aprendem no bairro essa lição", na nossa relação cotidiana com a Polícia Militar carioca e brasileira.

Os estudiosos cada vez mais numerosos da canção popular, com toda razão, têm resistências a tais leituras interpretativas. Em geral, ser *contra a interpretação* é uma postura correta, já que não podemos inserir sentidos pessoais na criação alheia. Aqui, porém, o que temos é um ensaio livre sobre um disco que, de certa forma, também é meu. Como ouvinte, posso relatar — e propor — livremente os múltiplos sentidos que a audição de uma canção nos permite traçar. De sua narrativa inflada pela fala performática do intérprete (no caso, Marcelo Falcão) e sua mecânica incontornável (cada rima precisa encaixar em cada melodia), a canção se liberta e se transforma em horizontes improváveis de apropriação e recriação por parte dos ouvintes. É pensando nessa dimensão criadora, nessa margem de liberdade e invenção dentro da invenção alheia que falarei das faixas do disco nas próximas páginas. Qualquer semelhança com a intenção original dos compositores é mera coincidência.

Faixa um: Tribunal de rua
(Letra: Marcelo Yuka / Música: O Rappa)

A viatura foi chegando devagar
E de repente, de repente resolveu me parar
Um dos caras saiu de lá de dentro
Já dizendo, aí compadre, você perdeu
Se eu tiver que procurar você tá fudido
Acho melhor você ir deixando esse flagrante comigo
No início eram três, depois vieram mais quatro
Agora eram sete samurais da extorsão
Vasculhando meu carro
Metendo a mão no meu bolso
Cheirando a minha mão

De geração em geração
Todos no bairro já conhecem essa lição
Eu ainda tentei argumentar
Mas tapa na cara pra me desmoralizar

Tapa na cara pra mostrar quem é que manda
Pois os cavalos corredores ainda estão na banca
Nesta cruzada de noite encruzilhada
Arriscando a palavra democrata
Como um Santo Graal

Na mão errada dos homens
Carregada em devoção

De geração em geração
Todos no bairro já conhecem essa lição

O cano do fuzil refletiu o lado ruim do Brasil
Nos olhos de quem quer
E me viu o único civil rodeado de soldados
Como se eu fosse o culpado
No fundo querendo estar
A margem do seu pesadelo
Estar acima do biótipo suspeito
Mesmo que seja dentro de um carro importado

Com um salário suspeito
Endossando a impunidade a procura de respeito
Mas nesta hora só tem sangue quente
E quem tem costa quente

Pois nem sempre é inteligente
Peitar um fardado alucinado
Que te agride e ofende para te
Levar alguns trocados
Era só mais uma dura
Resquício de ditadura
Mostrando a mentalidade
De quem se sente autoridade
Nesse tribunal de rua

A canção "Tribunal de rua" é uma espécie de miniconto do cotidiano violento no Rio de Janeiro dos anos 1990. Poema-rap--canto falado nas vozes de Yuka e Falcão, a letra do baterista narra uma clássica "dura", isto é, uma ação da polícia carioca em que alguém pode ser abordado aleatoriamente quando, onde e como a polícia quiser. Às vezes, com objetivos obscuros. No caso da canção d'O Rappa, a "dura" narrada é o tipo de situação em que uma polícia corrupta busca não só tirar dinheiro, mas demonstrar seu poder de braço armado legitimado pelo Estado e pela sociedade de classes. Um típico evento cotidiano em uma cidade lastreada pela impunidade e pela violência.

A letra, relato sobre o ocorrido a partir de um narrador em primeira pessoa, é, ao mesmo tempo, jornalística, poética e filosófica. Nos informa em seus pormenores a ação e os seus personagens, mas é sempre entrecortada por divagações que articulam uma longa tradição de desmandos do poder no Rio e no Brasil. A frase-lema-refrão "de geração em geração todos no bairro já conhecem essa lição" cria esse tempo e espaço locais e universais do bairro, e das gerações, ao afirmar nossa tradição de opressão. Yuka consegue tocar em um dos pontos nevrálgicos da história política brasileira: sua miséria social perpetrada pelas autoridades. O título, "Tribunal de rua", já é forte o bastante como imagem: em um país com o sistema judiciário precário ou, no mínimo, problemático, são os próprios agentes da lei, e não a ideia abstrata e universal de Justiça, que julgam os cidadãos. É na rua, espaço público em que o Estado precisa lhe proteger, o local em que você é julgado de forma privada e sumária por policiais e agentes públicos fora-da-lei, ao menos no Rio de Janeiro de 1999. No caso das "duras" policiais, o tribunal é efetivo. Define subjetivamente, por interesses pessoais e aleatórios, no momento de sua execução, se você é culpado ou inocente.

A canção, em sua forma completa, nos transporta para uma série de sensações sonoras, visuais, sensoriais. O corpo e os sentidos do narrador já se fazem presentes nos primeiros segundos, quando a sirene da polícia anuncia como introdução o que a letra nos explica: a viatura foi chegando devagar. Ouvimos o mesmo que o narrador e, naquele momento da cidade, sentíamos a mesma sensação. Uma sirene policial nunca seria — e ainda não é — um bom sinal.

A cena está armada: na rua, um carro de polícia pede para o narrador encostar o seu veículo. Sete policiais, sete "samurais da extorsão", o abordam de forma violenta. A rotina é apalpar, cheirar as mãos, revirar os pertences. Marcelo Yuka cria, aqui, uma pérola poética do pensamento carioca do período em que o disco foi lançado. Ele capta e verbaliza a "cultura do flagrante". O "flagrante", o "estar com tudo em cima" era o pânico e a forma mais sagaz que usuários de drogas ou jovens pobres e negros em geral tinham para se posicionar na guerra da cidade. A "cultura do flagrante" era uma forma de andar pelas ruas sempre alerta, sempre sabendo como se portar quando a polícia "enquadrasse" você. Dar um "rolé" (com o agudo, aberto, como o carioca fala, ao contrário do "rolê" paulistano) com a galera, dependendo do lugar, "só com nada em cima", ou seja, só sem "flagrante".

O flagrante, sem aspas, é a prova do crime no ato, aquilo que coloca o criminoso em uma situação de enfrentamento pleno e empírico do fato e não de histórias e versões sobre o fato. Para a polícia carioca, porém, ao menos a polícia de que estamos falando nessa canção, o "flagrante" era algo relativo, quase mágico. Como parte contraditoriamente integrante da cadeia do crime, eles sempre tinham como produzir "flagrantes" ou forjar os "criminosos" que eram abordados em suas "duras".

O "Tribunal de rua" vem, também, da "cultura do flagrante", do princípio basilar do policial corrupto e de sua impunidade. Essa cultura se espraiou pela sociedade, colocando qualquer um em posição de possível criminoso, sem provas. Quase nada mudou nos dias que acompanham a escrita deste texto, e poucos eventos ajudam a diminuir a sensação de que vivemos 24 horas no tribunal de rua narrado por Marcelo Yuka.

Na sequência da música, o narrador nos apresenta a situação plena, ao expandir a rua escura do tapa na cara em direção a todo um país refletido no cano de fuzil portado pelo policial. Rimar "Brasil" e "fuzil" não é inédito na música brasileira. Caetano Veloso e Gilberto Gil rimaram as mesmas palavras em "Miserere Nobis", canção da dupla que abre o decisivo álbum *Tropicalia ou Panis et Circensis*, de 1968. Na canção tropicalista, porém, o fuzil que rimava com Brasil era aquele que representava o poder de um regime militar em franca escalada autoritária e ditatorial. Uma alegoria enigmática, cifrada, do que ocorria no país. Já o fuzil/Brasil de Yuka, em 1999, não era dúbio ou alegórico. Ele refletia "o lado ruim do Brasil". A rima era a denúncia clara de uma situação que, se começou no período de Gil e Caetano, tornara-se endêmica em plena democracia de fim de século. A conquista das eleições diretas e de uma nova Constituição em 1988 não conseguiram extinguir a rima de Gil e Caetano, atualizada por Yuka.

Nesse mesmo momento da letra, Yuka faz referências cruzadas a alguns nomes e espaços do Rio de Janeiro e de sua história de violência. Os "cavalos corredores" que ainda estão na banca são a ponte da narrativa com a Chacina de Vigário Geral, evento brutal ocorrido em 29 de agosto de 1993. O grupo de policiais envolvidos com o evento como grupo de extermínio tinha esse nome porque eram famosos por entrarem em favelas como Acari e Vigário Geral correndo e atirando a esmo. Yuka articula o nome literário do grupo de extermínio e os reinsere como se fossem personagens da narrativa da canção. Assim, dá ao ouvinte carioca da época a percepção que a história do narrador é a história de todos que já sofreram a violência policial na cidade, no estado e no país. De geração em geração, todos no bairro já conhecem essa lição.

Na parte seguinte, quando o vocalista Falcão assume o vocal da canção, a letra deixa seu espaço informativo de cronista, jornalista do crime, e passa a apresentar as digressões de um narrador que pensa o fato vivido em sua dimensão plena. O que ocorre na psique do policial corrupto e como aquele fato pessoal se insere em um universo bem mais amplo do seu tempo? Ele fala sobre outro aspecto da cena, o aspecto visual, ou seja, o seu "biótipo suspeito". Em suas memórias publicadas recentemente, Yuka diz que, de fato, esse foi o motor da composição: denunciar o pré-julgamento das pessoas pela sua origem social, etnia ou o que valha. Qualquer carioca sabe que a marca principal para quem vive a "cultura do flagrante" na cidade é o "biótipo suspeito". Marcelo Yuka, como um carioca que vivia os diversos lados da sociedade de sua cidade, sabia há muito tempo o que era um biótipo suspeito. Aliás, todos, até hoje, sabem. No Rio, e talvez no Brasil, o jovem pobre, negro ou mulato, morador da periferia, sempre será o biótipo suspeito. Isso, claro, não é uma exclusividade do nosso país. Em Manhattan, Nova York, Estados Unidos, até bem pouco tempo existia uma metodologia de abordagem aleatória por parte da polícia local (NYPD) que, com o passar do tempo, delineou nas estatísticas o mesmo tipo de suspeito que o Rio de Janeiro, e provavelmente em Paris, Berlim, Lisboa etc. também.

Além de deixarem claro o espaço da criminalização social, essa indicação do narrador de "Tribunal de rua" tem como real objetivo criar o contraste com o seu "duplo positivo", isto é, aquele que, real criminoso, tem o que conhecemos tão bem como "costas quentes". O conchavo, o conluio, o compadrio, a "cervejinha do dotô", o livro de ouro, a doação amiga, as diversas formas de dádiva/corrupção que lastreiam nossa mais ampla tradição entre o cidadão e o poder. Não podia ser diferente em uma história de "dura". Seu objetivo é "a cervejinha", a "contribuição espontânea pros amigos". Uma forma de induzir você, através da violência física ou simbólica, a tornar-se uma pessoa que deseja contribuir com dinheiro para não ser enquadrado no "flagrante". Yuka ainda cria a situação de desespero do narrador, o desejo de estar acima do seu biótipo suspeito, não ser vítima contumaz da impunidade e da violência policial, mesmo que para isso ele tivesse "salário suspeito" e estivesse dentro de um carro importado. Como se desnudasse um paradoxo social, o narrador nos afirma que o salário suspeito do corruptor é mais garantia de cidadania que a precariedade dos trocados esmagados no bolso do trabalhador. O tipo suspeito se define aleatoriamente. O salário suspeito se confirma na conduta de quem endossa a corrupção da polícia.

Na última estrofe, o narrador da canção fecha o ciclo histórico do fuzil/Brasil, se conformando à situação de perda permanente do conflito ("nem sempre é inteligente peitar um fardado alucinado") e quase compreendendo historicamente o comportamento da polícia e sua mentalidade de "autoridade". A cidade, nessa canção, é um jogo, um tabuleiro em que as peças estão em permanente tensão de fuga e captura. O nosso ciclo social, até hoje, no século XXI, reverbera os resquícios da ditadura.

Eles se fazem presentes não só em cenas como essa narrada na canção, mas também nas prisões, cadeias, delegacias e comunidades miseráveis ou de baixa renda do país.

    O que precisa ser ressaltado aqui é que, como em outras faixas do disco, a música feita pela banda é fundamental no impacto da letra de Marcelo Yuka. Desde a interpretação de Marcelo Falcão, encontrando um lugar entre o dramático e o contundente, até o arranjo, milimetricamente preparado para tensionar a situação ali narrada. O violão de Falcão, de matriz francamente ligada ao violão do Jorge Ben dos anos 1970, traz uma base econômica, contida e pulsante, criando o clima de tensão na medida certa. Pontuada por uma cuíca e uma batida arrastada, por um baixo reto porém suingado, a música se abre após a letra e torna-se uma grande viagem de forte teor dub. Ouvimos o talkbox, os scratches, o baixo ampliando suas linhas, sem violão, sublinhando o groove que surge pela repetição constante. Como primeira faixa do disco, o cartão de apresentação d'O Rappa mostrava ao público que a viagem seria mais complexa que um disco pop da "nova banda de sucesso".

P.S.: texto pescado no Facebook do poeta e crítico Eduardo Sterzi, 21 de janeiro de 2014 (via Ricardo Pitta):

> Denúncia: A PM do Rio vem perseguindo jovens cidadãos cariocas que usam cabelos RASTAFÁRI ou DREAD LOCK por toda a Lapa. Desde que começou a "Operação Lapa Presente", sob a desculpa de diminuir a criminalidade na região, vemos policiais militares constrangendo qualquer cidadão do sexo masculino que tenha os cabelos no estilo rastafári. Eles são revistados como bandidos, colocados com as mãos na parede e, tudo isso, na

frente de milhões de pessoas que frequentam a Lapa de segunda a segunda. Essa ação da Polícia Militar carioca é totalmente embasada no PRECONCEITO! Não há registro de que pessoas com visual RASTAFÁRI tenham cometido roubo, assassinato ou venda de entorpecentes na Lapa. Precisamos nos manifestar sobre isso. Essa é mais uma ação desproporcional da PM do Rio de Janeiro e totalmente preconceituosa.

De geração em geração, todos no bairro continuam aprendendo a lição.

Faixa dois: Me deixa
(Letra: Marcelo Yuka / Música: O Rappa)

Pode avisar, pode avisar
Invente uma doença que me deixe em casa pra
Sonhar
Com o novo enredo outro dia de folia
Eu ia explodir
Mas eles não vão ver os meus pedaços por aí

Me deixa que hoje eu tô de bobeira
Hoje eu desafio o mundo sem sair da minha casa
Hoje eu sou um homem mais sincero e mais justo comigo

Podem os homens "vir" que não vão me abalar
Os cães farejam o medo, logo não vão me encontrar
Não se trata de coragem
Mas meus olhos estão distantes
Me camuflam na paisagem
Dando um tempo pra cantar

Me deixa, que hoje eu tô de bobeira

Uma das músicas que se tornaram hits para o público da banda, "Me deixa" é o segundo passo d'O Rappa para construir a paisagem contorcida do Rio de Janeiro do fim de século. Mais uma vez, um narrador em primeira pessoa nos apresenta uma retórica do "eu contra eles", em que o desafio é o tom da letra. Os "home", ou seja, a polícia, a justiça, o poder, os "alemão", o inimigo, seja quem for, são avisados de que a intenção do narrador é vencer o combate se retirando do campo de batalha. Se em "Tribunal de rua" o narrador, nosso (anti)herói, estava em uma situação pública, representando o drama nacional de ser vítima da impunidade policial em uma rua escura da cidade, aqui ele está trancado em casa, recolhido, com o único objetivo de "ficar de bobeira". O refrão da música é a afirmação da liberdade de quem vive engajado nos problemas normais da vida. O narrador ganha peso dramático, pois dá a entender que o seu combate é longo, que ele sofre por demais no cotidiano e que hoje, pelo menos hoje, "está de bobeira".

Na primeira frase, temos a medida certa do universo político-lírico das letras de Yuka, algo que poucos conseguem fazer como ele. O pedido de salvação — ou o aviso de atenção — do narrador é a invenção de uma doença que faça sonhar. A realidade, geralmente vista, ela sim, como a metáfora da doença, é legitimada como organismo estável. O sonho, aqui, é fruto da paralisia proporcionada pela doença. Invente uma doença que me deixe em casa para sonhar. É claro que em um registro mais cru, Yuka joga com a velha prática malandra de inventar uma doença para que possamos faltar ao trabalho. A falta ao dia a dia da vida é que nos permite, no ócio, sonhar. O jogo entre doença e sonho, de alguma forma, subverte nossa leitura de mundo, nos colocando a opção do escape como saída salutar frente à loucura — ou ao peso — da experiência urbana que a letra narra, ao menos, como pano de fundo.

No refrão, como em muitas outras músicas do disco, o letrista Marcelo Yuka constrói como poucos as rimas e falas de seu tempo. Na vida acelerada e produtivista em excesso do capitalismo, estar de bobeira é o crime do ócio. Como um Paul Lafargue contemporâneo, afirma o "direito à preguiça" (título da famosa obra de 1880 escrita pelo socialista francês) e reivindica o seu dia de folia, seu descanso merecido. O recuo é estratégico e necessário, para não explodir, para não dar esse prazer para os seus algozes. Ficar de bobeira, parar, olhar o céu (como vai aparecer em uma próxima música) é fundamental para a sanidade do carioca desse período.

Todo o resto da letra gira ao redor dessa perspectiva. Segurar a onda, segurar o medo, segurar a necessidade do corpo aberto na luta. Sua trajetória sofrida e no risco é denunciada na frase "hoje eu sou um homem mais sincero e mais justo comigo". A casa, ganha aspecto de castelo, fortaleza, talvez último espaço da cidade em que o crime e suas outras faces não engolem o cidadão. A casa é o espaço em que ficar de bobeira é legítimo. São suas paredes que lhe protegem e permitem que o mundo possa ser desafiado. O pedido contundente de isolamento por parte do narrador, seu desejo de relaxamento, só nos mostra como a força subversiva de seu canto ("eu ia explodir, mas eles não vão ver os meus pedaços por aí") se articula entre os mundos supostamente antagônicos da *casa* e da *rua*. Usando a dicotomia já tradicional criada e circulada no jargão midiático pelo antropólogo Roberto da Matta (em seu livro chamado *A casa e a rua: espaço, cidadania, mulher e morte no Brasil*, lançado em 1984), em "Me deixa", esses dois mundos que representam o privado (casa) e o público (rua) se articulam em uma mesma potência. Estar na rua ligado, atento e forte, só é possível pela garantia da casa, de poder sentar no sofá, no chão, na cama e ficar de bobeira. Desacelerar também é enfrentar o sistema. A casa e a rua são sim partes de um mesmo mundo, ou ao menos de uma mesma ética. Subvertendo o hábito de parte de nossas elites e da população em geral, a rua não é espaço sob responsabilidade do Estado. Ela é interesse de todo cidadão que passa pelo "tribunal de rua" ou sabe de sua existência.

Faixa três: Cristo e Oxalá

(Letra: Marcelo Yuka / Música: O Rappa)

Oxalá se mostrou assim tão grande
Como um espelho colorido a mostrar
Pro próprio Cristo como ele era mulato
Já que Deus é uma espécie de mulato.
Salve, em nome de qualquer Deus, salve
Se eu me salvei, foi pela fé
Minha fé é minha cultura
Minha fé, minha fé
É meu jogo de cintura, minha fé

Partiu do alto do morro que nós somos
Rodeados de helicópteros
Que caçavam marginais
A mostrar mais uma vez
O seu lado herói
Se transformando em Oxalá
Vice-versa tanto faz
A rodar todo de branco
Na mais linda procissão
Abençoando a fuga numa nova direção

Minha fé é meu jogo de cintura
Minha fé, minha fé

A ascensão fulminante das igrejas neopentecostais nas comunidades e em toda a cidade do Rio de Janeiro foi um dos principais dados sociais dos anos 1990 (entre 1980 e 1990 a Igreja Universal do Reino de Deus, por exemplo, cresceu 2600% em número de templos pelo país). O carioca passava a conhecer, para além de cultos, a força política da fé, já que nossa tradição católica sempre misturou fé e política de forma quase "natural", sem questionamentos públicos por parte de suas elites e da maioria da população. Com a força da Igreja Universal e de muitas outras pequenas igrejas, a fé passou a fazer parte do cotidiano carioca em uma mistura que articula favelas, tráfico de drogas, prisões e pastores salvando almas. Em paralelo à ascensão dos neopentecostais, aumentaram também os conflitos religiosos nas comunidades, geralmente entre fiéis evangélicos e fiéis de igrejas com matrizes afro-brasileiras, como a Umbanda e o Candomblé. Os terreiros de Candomblé e Umbanda da Baixada Fluminense, local de origem d'O Rappa e do reggae carioca dos anos 1990, são até hoje comuns, e a mistura religiosa, o hábito da fé e a presença mística da salvação atravessam classes e conflitos sociais de toda a região.

Em "Cristo e Oxalá", Marcelo Yuka e a banda captaram esse momento e o traduziram sonoramente. A levada hipnótica do baixo de Lauro Farias acompanha uma percussão que nos remete aos toques de Ogans (percussionistas que, durante os rituais, são responsáveis pelos toques específicos para cada orixá) e trechos sampleados de mulheres dizendo rezas para as entidades. Nesse cenário sonoro, o narrador da canção se posiciona no espaço-limite do tema que atravessa quase todo o disco: a salvação. Mais uma vez, ela aparece no pedido de quem canta por Cristo e pelos Orixás. Na parte A da música, vemos a descrição do Brasil como espaço pleno da miscigenação, sem fronteiras entre o Deus católico e os orixás afro-brasileiros. A escolha por Oxalá, aliás, é precisa, já que na umbanda o orixá é sincretizado com o próprio Menino Jesus. São, portanto, dois lados da mesma entidade, divididos apenas pela perspectiva da crença de cada um.

No caso da canção, Cristo e Oxalá, criadores de mundos e seres, se olham através de "um espelho colorido". A intenção de Oxalá é mostrar para o próprio Cristo que ele era, na verdade, mulato. Afinal, o orixá é criador e irmão de todos os seres. A subversão da imagem ocidental de um cristo branco e de olhos claros é posta para o ouvinte, mas não como transformação ou transgressão do corpo sagrado. É o espelho, isto é, o reconhecimento de sua própria imagem nunca antes vista refletida, que dá a Cristo seu reconhecimento como parte da cultura popular, miscigenada, mulata e pobre. Assim, são sobrepostas camadas distintas porém complementares do nosso processo histórico — e violento — de miscigenação. O "Cristo Oxalá" é o mesmo e o outro, por ser negro, branco, mulato, cindido na necessidade de religiões diferentes terem que conviver durante o período colonial da escravidão. O encontro das entidades através da cor da pele é justificada pelo narrador através da descendência paterna, "já que Deus é uma espécie de mulato". A letra não tenta impor religiões ou indicar hegemonias no âmbito da fé. Ela é direta na busca da comunhão, apontando para o espaço de paz que pode ser constituído dentro dos espaços em que ambos convivem em conflito (a cor, a etnia, as civilizações, as religiosidades). Pede a salvação "em nome de qualquer Deus". Não à toa o orixá escolhido é Oxalá, todo poderoso do panteão do Candomblé, aquele que pode representar a todos, formando uma grande nação.

Na parte B da canção, o mundo de *LadoB LadoA* atravessa a letra e vemos Cristo como alguém possivelmente ligado à vida do tráfico — ou da comunidade em geral — sendo perseguido por helicópteros no alto do morro. Apenas a Polícia Militar perseguia desse jeito ostensivo pessoas nos morros em 1999, ou, como diz a letra, "caçava marginais". Yuka transgride mais uma vez e faz de seu messias mulato um dos "braços" do crime organizado, mostrando, de certa forma, que até nesta opção contra a lei, a fé palpita e palmilha os caminhos de quem escolheu esse desvio. Cristo, buscando se salvar, se transforma em Oxalá e funda um novo caminho na fuga diária dos perseguidos pela justiça dos homens. Todo de branco, puro, metamorfoseado em Orixá, como se pudesse ser a síntese da cultura brasileira, Cristo nos mostra uma "nova dimensão". Uma nova salvação?

Eis que no refrão aquele que conta a história assume o proscênio e declara que ele também crê. A fé é sua cultura, isto é, o místico e o material, o divino e o mundano, sintetizados na imagem corporal e malandra do "jogo de cintura". Há de se ter jogo de cintura em culturas híbridas como a brasileira. A metamorfose de Cristo em Oxalá, cumprindo seu destino no culto da Umbanda, é feita como ato mágico-purificador, abrindo os caminhos através da transformação plena que necessariamente aponta outras possibilidades para quem vive na fronteira entre a vida, a fé e o crime. Uma canção ecumênica e, ao mesmo tempo, heroica.

Faixa quatro: O que sobrou do céu
(Letra: Marcelo Yuka / Música: O Rappa)

Faltou luz mas era dia
O sol invadiu a sala
Fez da TV um espelho
Refletindo o que a gente esquecia

Faltou luz mas era dia

O som das crianças brincando nas ruas
Como se fosse um quintal
A cerveja gelada na esquina
Como se espantasse o mal

O chá pra curar esta azia
O bom chá pra curar esta azia
Todas as ciências de baixa tecnologia
Todas as cores escondidas
Nas nuvens da rotina

Pra gente ver
Por entre prédios e nós
Pra gente ver
O que sobrou do céu

"O que sobrou do céu" talvez seja, ao lado de "Minha alma", a faixa que mais fez sucesso com o público quando *LadoB LadoA* começou a circular nas rádios e televisões. Além de sua qualidade, as duas canções tiveram um apoio importante em sua popularidade através da relação da banda com a produção audiovisual de seu tempo. Era o auge da MTV no Brasil e O Rappa soube utilizar muito bem o clipe como linguagem para os seus sucessos. Tanto "O que sobrou do céu", quanto "Minha alma" tiveram produções e resultados de qualidade cinematográfica, sendo recebidos por público e crítica mais do que como clipes, mas como curtas-metragens. Ambos foram feitos pela cineasta Katia Lund e pelo fotógrafo André Horta, o que reforçava o laço estético que ligava o disco d'O Rappa ao filme de Lund e João Moreira Salles, o já comentado *Notícias de uma guerra particular*. A poética de Yuka e as imagens dos diretores e fotógrafos ligados a tal universo dedicado ao estudo visual da violência urbana carioca criaram dois produtos audiovisuais poderosos e marcantes para quem viveu a época. Por enquanto, porém, falarei apenas da canção "O que sobrou do céu".

A letra de Yuka, mais uma vez, não esconde o travo amargo da vida. E, novamente, sabe que a melhor forma de superar o impasse é a busca, mesmo tênue, de uma saída. "O que sobrou do céu" é uma música em que o fio de esperança é traçado pela imagem de alguém buscando olhar, literalmente, por entre as frestas da cidade vertical, um pedaço de azul ou um naco de estrelas. Em um fragmento de uma rotina qualquer, o sol bate na tela da televisão e ilumina uma sala escura em pleno dia. Cria-se instantaneamente um jogo complexo nas sensações desse narrador. A indecisão entre claro e escuro, brilho e opacidade: faltar luz durante o dia, seja pela perda da possibilidade de se ver as coisas, seja por não vermos o que o excesso de claridade não permite, pelo seu brilho direto, intenso, constante. A luz, ao se apagar, deixa o narrador — deitado em um sofá, sentado em uma cadeira, em pé no pórtico do corredor — a perceber o brilho do sol na tela de vidro. Esse reflexo faz com que ele pense em um espelho que o arremessa dentro da sua memória sensorial, devorando o mundo ao seu redor.

Aos poucos, a letra da música vai nos dando elementos para montarmos um quebra-cabeças do local em que esse mundo-memória é narrado. O som das crianças nas ruas nos dá a certeza de que essa casa está no subúrbio ou na zona norte carioca, espaço em que a rua e os quintais fazem parte da vida de forma orgânica, sem impessoalidades urbanas das avenidas, tráfego pesado ou lojas, apenas com o espaço residencial, cadeiras nas calçadas, ritmo lento. Já a frase seguinte "A cerveja gelada na esquina, como se espantasse o mal" é um dos grandes versos de Yuka. Poder de síntese que poucas vezes se consegue, escrito por uma pessoa que fazia exatamente esse exercício, em pé no bar, no botequim, espaço em que a cerveja gelada com amigos no fim do dia extermina qualquer tipo de problema e dor, espantando o mal, desaguando o drama, enxugando a mágoa, fundando fugazes heróis. Os "heróis do bar", nesse caso, são aqueles que, em meio à roda de camaradas conta uma história, uma conquista, uma derrota, uma notícia que abala a todos, que faz tudo ficar mais intenso, maior, hiperbólico. São momentos em que todos em pé escutam o contador da história e, depois, explodem em risos, se abraçando, falando alto, comemorando o amigo e a vida. Esse, o contador de histórias que desperta e hipnotiza o coletivo de bebuns para os arregimentar em novas rodadas de cerveja, é o herói do botequim. E todos que convivem com Marcelo Yuka dizem que ele é exatamente esse tipo de amigo. Na época do disco, ele era famoso pelas histórias e piadas que tirava da cartola ao falar de sua frequência nos piores pé-sujos da cidade do Rio de Janeiro.

O verso "o chá para curar essa azia", por sua vez, além de nos remeter à metáfora médica do organismo em crise, apresenta de forma silenciosa o saber natural e místico das rezadeiras de bairro e da tradição oral de receitas suburbanas (chá de boldo, chá de camomila, chá de erva-cidreira e suas qualidades medicinais). Sua rima seguinte faz a ponte para "todas as ciências de baixa tecnologia", talvez tratando a medicina popular também como ciência periférica. Ao aliar doença (azia) e saúde (ciência), Yuka aponta, na minha leitura, para a potência transgressora dos produtos piratas, dos eletrônicos vendidos no camelô, das gambiarras das rádios comunitárias, todas elas formas fundamentais de circulação sonora das áreas mais pobres da cidade. Ele cola oralidade popular com dádiva tecnológica, desestabilizadores das hierarquias de saber e poder. São as produções musicais do que anos depois veio a ser chamado de *guettotech*, ou seja, formas sonoras que aliam tecnologia e sonoridades periféricas do terceiro mundo ou de comunidades.

A "iluminação sem luz" segue em seu caleidoscópio e vemos, ainda no reflexo do sol na televisão, "todas as cores escondidas nas nuvens da rotina". Ao ser despertado pela luz do sol na falta da luz do dia, há de se limpar o campo de visão adormecido, robotizado, desprovido de beleza, e mirar as cores do mundo, aquelas cores que ficam esmaecidas pelo dia a dia entorpecente. É na televisão desligada, na falta de luz, isto é, na interrupção do fluxo produtivo e racional da vida, na quebra da ciência positiva e da imagem inventada pelo aparelho, que se instala a saída para a vida e o mundo. A rua, suas esquinas, suas crianças, suas ciências populares, as cores das coisas, das pessoas, as sensações de estarmos vivos, tudo isso permite que se olhe para cima e se veja, na brecha dos prédios, o que sobrou do céu. Olhar para cima, olhar para o azul, respirar fundo, enfim, era mais uma vez o norte comum que apontavam Yuka e O Rappa.

A música, com arranjo básico de banda de rock, talvez a mais rock do disco, tem uma dinâmica bem seca, porém plena de groove, garantido pela cozinha de Lauro e Yuka. Baixo e bateria pulsam juntos, criando um chão sólido para os belos desenhos melódicos da guitarra de Xandão. Os pratos soltos na introdução contrastam com a batida seca das outras partes e criam a dinâmica necessária entre contrição e expansão, algo que está presente na letra, de certa forma, uma letra que fala de ver e esconder, de escuridão e de luz. Outros instrumentos como o talking drum, o derbak e um teclado Moog comandado por Marcelo Lobato dão o toque final na sonoridade que, como na letra, nos leva para cima, em direção a certo sentimento de alívio, de flutuação, de descoberta das cores. Uma canção que faz o peito estufar e esvaziar em gozo, como se fosse a sístole e a diástole da felicidade intermitente de um morador da cidade.

Já o clipe de Katia Lund e André Horta, elemento fundamental para o sucesso de público da música na época, é um detalhe à parte. Em pouco mais de cinco minutos, vemos a história de um morador pobre de uma região erma da Baixada Fluminense que é obrigado a transformar sua casa no cativeiro de um sequestro. Vigiado pelos bandidos que o coagiram a fazer isso, ele e sua família (mulheres, filhos), precisam cuidar do empresário branco e rico, escondido em sua casa. Através das imagens, em edição poética e fotografia bem trabalhada, acompanhamos aos poucos a criação de uma conexão afetiva entre o sequestrado e seus guardiões. Sem armas, aos poucos, eles se aproximam e criam um laço mudo entre pratos de refeição, cigarros trocados e sorrisos discretos. Instala-se ali, de alguma forma, um trégua, e, principalmente, uma relação igual entre desiguais. Um dia, o helicóptero da polícia aparece à procura do sequestrado. Seu guardião, mesmo com medo dos criminosos, o liberta e foge. Na estrada, ele consegue pegar um ônibus e acredita que está livre. O ônibus, porém, é parado pela polícia. Ele é retirado do veículo e posto violentamente no chão. Vemos no clipe o seu rosto pisado contra o sol, para que o empresário sequestrado o reconheça e ele seja preso. Mas o empresário, ao vê-lo, diz que ele não tem nada com o crime e o liberta. Na última cena, o empresário está em um carro, voltando para sua família, e passa em frente à casa do guardião. O vídeo termina com ele observando com carinho e cumplicidade o guardião e sua família, estáticos, no quintal de sua casa.

Esse roteiro, talvez esquemático demais nessa sinopse, tem na sua realização a simbiose perfeita com a música da banda. Apesar de ele não trazer necessariamente a correlação direta entre o que a letra diz e o que o filme nos mostra — não há, por exemplo, a luz refletida na televisão ou a cerveja gelada na esquina, muito menos prédios — ele apresenta uma história em que, novamente, as partes da cidade, radicalmente afastadas pela diferença de classes, são aproximadas através do advento do crime. As "duas cidades" que já vêm se desenhando em denúncias de um escritor como Lima Barreto nos anos 1910 e 1920, aqui são postas frente à frente. O sequestrado e o cativeiro, o homem branco que outrora na história foi senhor e o homem negro que outrora foi escravo, invertem papéis e quem aprisiona, agora, é quem sempre foi o preso vigiado.

Na busca por um fio de esperança (o que sobrou do céu), essa situação emblemática e corriqueira nos dias de violência endêmica dos anos 1990 (o sequestro era um dos crimes mais comuns e temidos do período) serve como motor do discurso conciliatório. Se em "Cristo Oxalá" o helicóptero faz com que o messias se transfigure em bandido e depois em Orixá, no filme de Lund e Horta o helicóptero liberta a possibilidade de uma saída quando provado que, mesmo na mais profunda divisão de classes, mesmo na situação mais violenta da privação armada da sua liberdade (tanto do sequestrado, quanto do dono do cativeiro, ambos oprimidos pelos bandidos), o afeto os transforma em iguais. A luz que transforma a tevê em espelho é a possibilidade da cidade se reencontrar, se olhar nos olhos, se abraçar não rumo ao afogamento de todos, mas sim em direção à vontade de erguer a cabeça e conseguir enxergar, finalmente, o que sobrou do céu.

Faixa cinco: Se não avisar o bicho pega
(Letra: Jorge Carioca, Marcinho, Marquinhos PQD /
Música: O Rappa)

O sangue bom falou pra falar pra você
Se der mole aos "home", amizade,
O bicho pega

O malandro ganhou monareta,
Uma caixa de fogos e um carretel de linha
Também uma pipa
Que ele botou no alto pra avisar à massa
Que os cana já vinha

E a moçada, que não dá mancada
Sentiu o aviso e não vacilou
Pois toda favela tem sua passagem
E sem caguetagem jamais alguém dançou

Vai ter pipa, foguete e morteiro

Pois lá na favela o olheiro é maneiro,
Esperto, chinfreiro e não fica às cegas
Até mulher de bandido na hora da dura
Segura a peteca e nega,

E é por isso que o seu compromisso
É não ficar omisso e prestar atenção
Pois se der mole no bagulho
Vai entrar no rodo e não tem perdão
Vai ter pipa, foguete e morteiro

"Se não avisar o bicho pega" é a única música do disco cujos compositores não são membros do Rappa. Jorge Carioca, Marcinho e Marquinhos PQD são nomes ligados ao universo do pagode e do samba, mais precisamente ao grupo de compositores que circulavam ao redor do falecido cantor e compositor Bezerra da Silva. A relação d'O Rappa com Bezerra da Silva é antiga, vem ainda de seu primeiro disco, quando regravaram uma bela versão de "Candidato caô caô", ainda em 1994. Bezerra, aliás, foi um dos elos sonoros que articulou o grupo de músicos da chamada "Hemp Family", nos anos 1990. Além das origens suburbanas e populares, os membros de bandas como O Rappa e Planet Hemp tinham no sambista que narrava a vida errática do tipo popular carioca em meio a criminalidade, malandragens, religiosidades de matrizes africanas e críticas sociais, um ponto de encontro. A figura de Bezerra e de seus compositores, aliás, foi retratada de forma precisa e inspirada pelo documentário *Onde a coruja dorme*, de Marcia Derraik e Simplício Neto (gravado em 2000, foi lançado em vários formatos — curta, média e longa-metragem — entre 2002 e 2012). No documentário, que traz depoimentos de Marcelo Yuka, vemos como Bezerra consegue arregimentar a sua volta um universo de compositores e versadores populares que, necessariamente, traziam o dado da contravenção e do mundo popular como manancial de suas letras (é o caso de Roxinho, Beto sem Braço, Popular P, Tião Miranda, Dunga da Coroa, Pedro Butina, Dário

Augusto, Adelzoniton, 1000tinho, Luiz Grande, Claudinho Inspiração, Simões PQD, Barberinho do Jacarezinho, Walmir da Purificação e muitos outros que não são conhecidos pelos nomes, mas são cantados por todo país e todas as classes sociais). Esse universo de compositores estava, de alguma forma, reverberando nas letras do *LadoB LadoA*.

Esta música, portanto, foi escolhida pela banda para entrar no disco pela sua carga emblemática de *fonte*, isto é, de uma fala sobre o crime escrita "de dentro". Não que os compositores fossem criminosos, mas, como nas letras de Bezerra da Silva, sua vivência direta nas comunidades permeadas pelo tráfico e pela violência policial cotidiana os permitiam articular de forma exemplar a linguagem do morro, a ética do tráfico contra o dedo-duro e a resistência política do crime contra o sistema. A letra de "Se não avisar o bicho pega" traz um inventário de situações que o carioca conhece bem e que, de certa forma, incorporou no seu vocabulário diário. De forma minuciosa, ouvimos (e vemos, na nossa mente), a imagem do narrador de shorts, camisa amarrada na cabeça, fuzil na mão, rádio na cintura. Vemos o garoto na laje, com sua caixa de fogos e sua pipa, cuja função de olheiro é pô-la no alto quando a polícia sobe fora da hora combinada do "arrêgo".

Assim, entramos diretamente na "língua de congo" do tráfico, sua gíria em que "sangue bom", "o bicho pega", "os cana", "segurar a peteca" e "passar o rodo" são pontos de inflexão para o cantor e o ouvinte. É no reconhecimento dessas gírias do tráfico de drogas que se criam as conexões sobre o universo sonoro e poético de *LadoB LadoA*, já que estavam, banda e público, falando do mesmo assunto. A fala do narrador de "Se avisar o bicho pega" ecoava todos os dias nos telejornais, na imprensa, nas conversas de bares, no medos pessoais. A fala do tráfico, que depois tornou-se a fala do funk e a fala até mesmo dos filhos ricos da zona sul, criava um ambiente dúbio de horror e delírio entre aqueles que flertavam com a vida na fronteira entre a legalidade e a ilegalidade em uma sociedade policialesca como a carioca. Eram os usuários de drogas, os frequentadores de favelas, os jovens ligados às ruas da cidade e seus territórios conflagrados como Lapa, Santa Teresa, Glória, Tijuca, Andaraí, Copacabana ou Madureira.

Nesse sentido, a narrativa épica sobre a vida do olheiro, sua função que alia a pipa, os fogos do morteiro, o fuzil e a fuga, o transforma, como no herói-profeta-orixá de "Cristo Oxalá", em um prodígio. A "Lei de Murici" (em que "cada um cuida de si"), ética fundamental do bandido, de defesa intransigente dos seus parceiros e de suas ações, mesmo que para isso seja preso ou morra, aflora na imagem da mulher que, se cala sobre o paradeiro do seu parceiro. Trata-se de uma ética que também vemos nessa época, por exemplo, em canções do rap paulista, principalmente em faixas dos Racionais MCs e de outros como Sabotage. Uma ética lastreada pela luta de classes, pela permanente violência do aparato policial do Estado, pela falta de oportunidades para moradores de espaços pobres e miseráveis das cidades, suas periferias e comunidades.

O interessante aqui é que a canção, na sua junção entre letra e música, não faz tal discurso de forma marcial ou didática, como em alguns raps que explicam o porquê da violência e do crime serem opções plausíveis para um jovem negro e pobre no país. Na canção d'O Rappa, a malemolência do linguajar do morro carioca, suas gírias, fazem com que a melodia de Falcão flutue entre o canto e a fala, mas muito mais próxima de uma roda de pagode na Abolição do que de uma roda de rap no Capão Redondo. Seu bandido é "natural", funciona no esquema do tráfico, na empresa em que cada um tem o "seu compromisso" e o olheiro da letra em questão não pode falhar. É como se o mundo do samba encontrasse uma banda decidida a transformar sua lírica em uma força revolucionária através da sua levada sonora contemporânea, em tensão crescente.

Há um ponto, porém, que merece ser ressaltado. No encarte do disco, a letra publicada é diferente daquela que ficou registrada na gravação de Falcão. Provavelmente, ao adaptarem sua métrica à melodia composta pela banda, o vocalista ajustou alguns versos. Na comparação, Falcão não só insere novas gírias (na parte "passar o rodo", a letra original do encarte diz "entra no engodo"), como deixa de cantar um verso inteiro:

Depende da chuva, sereno e do sol
Até o olheiro que é muito ligeiro
Só fica cabreiro com o tal do cerol

Certamente a exclusão do verso se deve a aspectos de métrica e melodia, que não cabem na canção. Mas é interessante citá-los, pois são versos que colocam o herói olheiro na sua fragilidade, quando ele teme o famoso "cerol", expressão aqui com duplo sentido, pois tanto pode ser o cerol da linha da pipa, líquido feito por cola e cacos de vidro esmagados visando o "corte" da outra pipa, quanto o cerol da polícia e dos inimigos, gíria para a morte, similar ao "rodo".

Sonoramente, a música da banda obedece a uma espécie de marcação inicial feita pelo pontilhado da guitarra e de um agogô, como se fôssemos ouvir algum tipo de ponto de macumba ou música ritual. Ao mesmo tempo, a introdução constrói uma espécie de paisagem sonora para a ação cujo desenrolar vamos ouvir. A bateria de Yuka, com o tempo quebrado, nos mantém nesse espaço de trilha sonora do personagem que se apresenta: o olheiro e sua tensão, atento ao "bicho", ao "cerol", ao "rodo". No seu refrão ("vai ter pipa, foguete e morteiro"), a banda aumenta sua pressão e volume, entra o backing vocals e faz do grito de Falcão o ápice da história, ao anunciar o que vai acontecer quando o olheiro entrar em ação. Novamente, os teclados e o derbak de Marcelo Lobato, além dos scratches e samplers de Negralha são fundamentais para criarem os contrapontos e sinuosidades que habitavam as melodias d'O Rappa nessa fase. A fase que, na época, todos os membros louvavam como a melhor deles.

Faixa seis: A minha alma (a paz que eu não quero)

(Letra: Marcelo Yuka / Música: O Rappa)

A minha alma tá armada e apontada
Para a cara
Do sossego
Pois paz sem voz
Não é paz é medo

Às vezes eu falo com a vida
Às vezes é ela quem diz

Qual a paz que eu não
Quero conservar
Para tentar ser feliz?

As grades do condomínio
São para trazer proteção
Mas também trazem a dúvida
Se é você que está nessa prisão
Me abrace e me dê um beijo
Faça um filho comigo
Mas não me deixe sentar na poltrona
No dia de domingo

Procurando novas drogas
De aluguel neste vídeo
Coagido pela paz
Que eu não quero
Seguir admitindo

Às vezes eu falo com a vida
Às vezes é ela quem diz

Qual a paz que eu não
Quero conservar
Para tentar ser feliz?

"A minha alma" é sem dúvida o maior sucesso de *LaboB LadoA*. Assim como "O que sobrou do céu", a música inspirou um clipe contundente de Katia Lund e André Horta, vencedor de muitos prêmios e consagrado por público e crítica.

No clipe de Lund e Horta, jovens negros de um morro do Rio de Janeiro decidem, de forma espontânea, ir à praia. Descem para a rua, o "asfalto", e logo na saída da favela, no encontro com a cidade armada, são envolvidos em uma situação violenta que termina de forma abrupta na morte de um deles e na revolta popular contra a polícia. O auge do clipe é o momento da revolta, em que os próprios membros da banda se fazem de atores, enfrentando policiais, arremessando cadeiras sobre eles, assistindo, mesmo que em meio à luta, a passividade geral frente à morte de mais um jovem pobre, negro e morador de favelas.

Marcelo Yuka, praticamente em todas as letras do disco, aponta para o diagnóstico duro da vida e receita o afeto, o amor e a ética do combatente como formas de sobreviver à doença social da cidade. Como quem vê tudo de fora, observando o carioca e seus dias através de uma fresta poética, Yuka percebe que o clamor de "paz" que se espalha pela sociedade civil nos anos 1990 também era, de certa forma, a manutenção do véu sobre as desigualdades sociais do Rio e do país. A "paz", isto é, o clamor pela segurança de sua vida e da vida de seus familiares, sempre foi feita na relação brutal e desigual entre o aparelho estatal de segurança pública e as populações pobres das grandes cidades. Em uma fala polêmica do ex-secretário de segurança do Rio de Janeiro, Hélio Luz, em *Notícias de uma guerra particular*, são postos claramente os objetivos da polícia carioca: conter os pobres. Manter a pobreza em seu perímetro geográfico e social, ou seja, produzir "a paz" das "pessoas de bem" (os extratos mais ricos da população) com a violência contra os pobres. Vimos recentemente em filmes e livros sobre o BOPE carioca — *Tropa de Elite 1* (2007) e *2* (2010), de José Padilha, baseado no livro *Elite da Tropa* (2006), de Rodrigo Pimentel e Luiz Eduardo Soares — como se preparou o esquadrão da Polícia Militar carioca para a contenção mortífera da violência em grandes eventos ou em situações radicais de conflito. É essa paz que Yuka se recusa a aceitar em sua letra.

Porém, como em todas as letras de Yuka e d'O Rappa, nada é tão simples assim. A reivindicação da paz deveria ser feita através da lógica guerreira que se vivia então. A alma do narrador está armada, apontada, isto é, em vias de encurralar e exterminar seu inimigo íntimo, sua armadilha e tentação: o sossego. É interessante notar que esse mesmo narrador cioso de não ficar sossegado, numa paz neutra e hipócrita em relação ao caos que o rodeia, contrasta com o narrador de "Me deixa", que pede apenas para ficar de bobeira, pelo menos um dia. De certa forma, "Me deixa" anuncia o descanso do guerreiro, desse que não admite a paz tíbia ou mascarada, a paz para poucos, como sabemos que existe no nosso país.

O verso impactante de "paz sem voz não é paz, é medo", sintetiza toda a canção. Primeiro, deixa claro que quem age é a alma, isto é, o seu eu mais profundo, ligado ao espírito, à consciência e à autocrítica. E essa alma, armada, ligada, bélica, sofre pela percepção de que não basta qualquer paz. Em uma conversa interna, dialética com suas contradições, a vida lhe pergunta qual a paz é preciso para sermos felizes. Uma questão qualitativa, e não quantitativa. Não precisamos de mais paz, precisamos de uma paz melhor. Se existe tal possibilidade plural do sentimento de paz, sua qualidade é fundamental na alma desse narrador.

Em sua parte B, a letra abre para o mundo, fala com outros interlocutores. A alma, aqui, se desarma e pede amor para que consiga encontrar a paz desejada. Paz que, novamente, não virá do ócio, não virá da situação confortável de classe média em seus fins de semana melancólicos frente ao aparelho de televisão. Uma paz "sem voz". Uma paz que "é medo". Ou, mais do que isso, uma paz que se sente sem querer saber sua origem para além da confiança nas forças de segurança. A sensação de segurança é mais importante do que a segurança de fato, dizem especialistas contemporâneos. Aqui, não podemos nos dar esse luxo. Como nos lembra Yuka, o paradoxo urbano das grades de proteção criam o lugar distorcido da dupla prisão — de quem está dentro e fora das grades. Ou melhor, quem está dentro das casas e espaços gradeados sente-se seguro, apesar de preso. Quem está fora, sente-se livre, apesar de inseguro. Casa e rua são apartadas pelo intermediário metálico, a grade.

Foi a partir dessa situação não só política, como social e, principalmente, estética, que o artista plástico carioca Raul

Mourão investiu suas pesquisas por longo tempo, catalogando, fotografando, filmando e criando sua série intitulada *Grades*. São esculturas e instalações que reproduzem as grades urbanas e seus formatos insólitos como prisões para carros, ou ruas inteiras com fachadas sob grades. Como os membros d'O Rappa, Mourão passou boa parte dessa época observando a cidade, seus bares, suas histórias à margem, seus medos produzidos pela violência urbana. Há, portanto, na imagem de Yuka sobre "as grades do condomínio", uma metonímia de toda a situação de calamidade pública que pairava sobre a cidade do Rio de Janeiro de então. Pessoas, em busca de "paz", presas em condomínios e exigindo a prisão de bandidos custe o que custar. Era essa "paz", conquistada pelo acúmulo material e o acesso desigual de oportunidades, que a alma de Yuka não ia aceitar. No final da letra, de forma sutil, a paz, até então passiva, torna-se figura ativa, quase afetiva, já que é por ela que o narrador não quer seguir admitindo tais situações. O combatente procura, sai de si, mergulha em outras dimensões (drogas, vídeos), sempre visando o encontro com a paz desejada, a paz do guerreiro, a paz que a alma armada irá admitir como paz de todos, e não de poucos.

Faixa sete: LadoB LadoA
(Letra: Marcelo Yuka e Marcelo Falcão / Música: O Rappa)

Se eles são exu
Eu sou Yemanjá
Se eles matam bicho
Eu tomo banho de mar
Com o corpo fechado
Ninguém vai me pegar
LadoA LadoB LadoB LadoA

No bê-á-bá da chapa quente eu sou mais o Jorge Ben
Tocando bem alto no meu walkman
Esperando o carnaval do ano que vem
Não sei se o ano vai ser do mal
Ou se vai ser do bem

O que te guarda é a lei dos homens
O que me guarda é a lei de Deus
Não abro mão da mitologia negra pra dizer
Eu não pareço com você
Há um despacho nas esquinas do futuro
Com oferendas carimbadas todo dia
Eu vou chegar, pedir, agradecer
Pois a vitória de um homem

Às vezes se esconde em um gesto forte
Que só ele pode ver

Eu sou guerreiro
Sou trabalhador
E todo dia vou encarar
Com fé em Deus e na minha batalha
Espero estar bem longe
quando o rodo passar

A faixa que dá título ao disco é o momento em que chegamos ao ponto alto da poética e do som criado pelo Rappa nesse trabalho. Com letra de Marcelo Yuka e Marcelo Falcão, "LadoB LadoA" consegue articular os vários pontos aparentemente soltos do disco e do universo de suas canções. A vivência da rua, a ética do guerreiro, a vida revoltada porém honesta do trabalhador urbano, as múltiplas religiosidades, o processo como valor, mesmo sem a certeza da vitória, a brecha utópica da saída conciliatória, mesmo com a polarização dos lados. Os dois lados são sínteses dos lados da sociedade de classes, ao mesmo tempo em que ratificam o imaginário corrente da época a respeito dos chamados "bailes de corredor", em que grupos rivais, gangues e coletivos em geral se enfrentavam em dois lados dos salões de bailes funk da cidade. Alguns ficaram famosos nas páginas policiais ao longo dos anos 1990.

Entre 1992 e 1993, quando os grupos de jovens ligados ao universo do funk "emergiram" como fenômeno social para a população do centro e da zona sul e para a grande imprensa, os bailes em que ocorriam enfrentamentos de galeras jovens eram comuns nos subúrbios da cidade. Esse fenômeno corroborou o estigma desenvolvido no imaginário popular a partir dos "arrastões". O pânico e a automática associação derivativa entre jovens, negros, pobres, funkeiros, logo, bandidos, fundou uma leitura pseudossociológica sobre esse tema no nosso senso comum. Essa forma de encarar a juventude mais frágil na hierarquia social da cidade reafirmou o espaço de "barbárie" que eram os bailes funks, seus corredores, suas mortes, seus lados de enfrentamento. O título da música e do disco, nesse sentido, é a simbiose entre todos os muitos lados do conflito social carioca. Somos todos LadoA e LadoB, pois vivemos em um tempo de demarcações de espaços sociais, de ampliação e acirramento na disputa por oportunidades. Os lados do conflito se multiplicam, intra e entre classes. Nos anos 1990, o lado da sua "galera" definia, muitas vezes, se você iria viver ou morrer.

A letra vai direto nesse ponto. Ela é estruturada no binarismo dos lados. Não importa se você é B ou A, mas sim o que você fará quando estiver em seu lado. Importa mais a relação entre os lados — relação de guerra, de conflito, de simbiose, de erotismo, de conquista, de destruição, de arrebatamento — do que a estabilidade endógena das suas posições. E o narrador desta canção tem seu lado claro e pronto para o combate. Ele é o guerreiro trabalhador, que enfrenta todo dia a rotina e recusa os atalhos da vida. Pois ela, a vida, é chapa quente, mas também é carnaval. Trabalhar, se equilibrar nas contradições, ter o retorno de seu esforço reconhecido, vencer a batalha diária pela vida. Lembrando que estamos falando de uma época em que ficar vivo já era, dependendo de sua situação social, uma conquista diária.

Ao mesmo tempo, esse personagem de corpo fechado, mais uma encarnação do Cristo-Oxalá, quer reivindicar sua diferença não pelo acovardamento de seus atos, mas pela potência de suas certezas. Mais uma vez, a religiosidade popular, de matriz afro-brasileira, atravessa a letra e estrutura uma rede de heranças dessa cultura que, historicamente, emana revolta e resistência, sofrimento e tenacidade, perseguição e admiração. Eis porque vemos/ouvimos Jorge Ben como escape filosófico do dia-a-dia. A "mitologia negra" torna-se saber de distinção, que demarca o lugar orgulhoso de seu discurso. Seguindo sua divisão binária, sua fala se lança entre a lei dos homens e a lei de Deus para mostrar a distância entre aqueles que louvam a sujeira da morte ritual do animal *versus* a pureza salgada do banho de mar. Sangue e água, Exu e Yemanjá, o puro e o impuro, o bem e o mal, o masculino e o feminino, Eros e Tanatos: tudo aponta para a boa guerra, para a batalha guiada pelos caminhos corretos. Como diz a letra, "a vitória de um homem às vezes se esconde no gesto nobre que só ele pode ver". Essa possibilidade de ver o que ninguém vê, o gesto nobre do guerreiro, a altivez do lutador que se compromete com o certo, aponta o vencedor da disputa entre os dois lados.

Como nas outras letras, o narrador de "LadoB LadoA" está dentro e fora do crime, dentro e fora do mundo do trabalho formal. Ele transita, pontua suas contradições, mas ao mesmo tempo afirma uma posição que, apesar de incerta ("não sei se o ano vai ser do mal ou se vai ser do bem"), é a que deve ser vivida. Lembrando a leitura do crítico literário Antonio Candido para o personagem de Manuel Antonio de Almeida em *Memórias de um sargento de milícias* (1855), vemos os personagens das letras d'O Rappa em uma permanente "Dialética da malandragem". Conseguem se equilibrar na tênue linha do trabalhador que, vivendo em meio aos espaços da criminalidade e vendo seus amigos e conhecidos entrando para o tráfico como forma de ascensão social, segue o caminho da lei. Vive o crime, mas não vive *do* crime. Eles falam a gíria da rua, estão nos botequins da central, nas praças abandonadas da zona oeste, nas ruas de

Vicente de Carvalho, nos botecos de Mesquita, nas biroscas de Ramos, mas são "guerreiros-trabalhadores", com fé em Deus. A ideia de "batalha", que na gíria carioca significa trabalho, é dobrada em um duplo significado, já que a cidade era, também, um campo de batalha entre lados, entre policiais e traficantes, entre ricos e pobres, entre zona sul e zona norte, entre comando vermelho e terceiro comando, entre brancos e negros, entre escolarizados e trabalhadores manuais. A batalha do narrador da canção é a batalha de todos, de toda a cidade. Todo dia, acordamos e temos de encará-la. Seja no lado A, seja no lado B.

Um último comentário sobre o arranjo do música é necessário, já que a banda consegue uma sonoridade precisa entre o rock, o dub e o rap. Os climas da guitarra de Xandão, o baixo constante de Lauro e a bateria reta feita pela MPC de Marcelo Lobato criam uma cama para a melodia sinuosa e engenhosa de Falcão. Com desenhos de voz que lembram gritos de guerra dos bailes funk e, ao mesmo tempo, sugerem um rap com sabor dub feito por músicos jamaicanos como Roots Manuva, Falcão nos leva nessa cama de baixo e bateria mecânicos e climas de guitarra e teclado. O refrão nos leva a certo estado de suspensão, conectados à fala salvadora do narrador, sua proclamação de guerra através do trabalho. O coro dos músicos Lauro, Yuka e Lobato criam o toque final nessa espécie de epopeia popular narrando a luta diária entre o bem e o mal que se apresentam nos caminhos do homem urbano no Rio de Janeiro.

Faixa oito: Favela

(Letra: Marcelo Falcão e Xandão / Música: O Rappa)

Vá dizer pra ela que o curral
Do samba é a passarela
Vá dizer pra ela que o Rio de Janeiro
Todo é uma favela.
Sinhô, Candeia, Noel,
Cartola, Adoniran
Vá dizer a ela que o Rio de Janeiro
Todo é uma favela
Vá dizer a ela que o som que eu faço
Vem lá da favela

Me vem na memória as rodas de samba
E batuque na palma da mão
Roda de samba de bamba

Velha guarda, Portela
Velha guarda, Mangueira
Viola, Jamelão

Vá dizer pra ela que o curral
Do samba é a passarela
Vá dizer pra ela que o Rio de Janeiro

todo é uma favela
De Madureira a Sepetiba
Passando por Santa Cruz,
Bate Bola de bexiga de boi
É nos terreiros do samba
Que a molecada cresce
E ama sua escola
E faz as mãos e os pés "sangrar"

Quando os anos passam
Quando ele se emociona
De ver sua escola ganhar.

"Favela" é uma das poucas canções do disco que não é assinada por Marcelo Yuka. Seus autores são Marcelo Falcão e Xandão. É importante dizer isso porque vemos claramente uma mudança de tom nessa composição. A ideia de que a favela é o berço da tradição do samba soa, no contexto das outras músicas, quase fora de lugar. A louvação de grandes nomes do passado e velhas guardas dão à canção um ar nostálgico incontornável. Apesar disso, seu refrão mantém a tensão do disco por anunciar que toda a cidade é uma favela. A força das comunidades engolindo tudo e todos torna-se um símbolo poderoso na estética do *LadoB LadoA*.

Vemos também, ainda no registro do saudosismo, a condenação da Apoteose, conhecida como "passarela", como curral do samba. A queixa de um fim dos tempos para o samba do passado faz com que a canção fique deslocada do fluxo contemporâneo das outras letras. De certa forma, a banda indica que o passado glorioso dos bambas do Estácio e de Madureira faz parte de sua herança também, está presente no seu DNA.

Talvez, na época, não fosse uma questão para eles apostar em um caminho do samba que visasse o futuro, e não o passado. A última frase cantada por Falcão pede para que o samba "volte para a favela", como um bem roubado dos seus moradores. Sabemos, porém, que a favela, já naquele tempo, era muito mais do que a espera de uma volta ao samba. Seus jovens eram funkeiros, rappers, estavam mais interessados em pagodes românticos e "pancadões" do que em Sinhô ou Cartola.

O que faz então com que "Favela" esteja em *LadoB LadoA*? Em sua biografia já citada, Marcelo Yuka aponta as várias rusgas que surgiram entre a banda na gravação do disco. O baterista chega a dizer que os demais membros da banda pediram que ele apresentasse menos composições. Segundo seu relato, sua hegemonia já era sentida, e não de forma positiva, desde o *Rappa Mundi*, de 1996. Provavelmente "Favela" entra no disco nessa brecha de cada um apresentar suas composições. Não que a banda tivesse que pensar como Yuka ou seguir suas ideias, não é esse o caso. Só que é notório que a retórica saudosista que condena o contemporâneo e aposta no retorno a algo que não tem mais volta não faz parte da ampla maioria das composições do disco.

O arranjo da banda, por sua vez, aposta em uma espécie de samba quebrado, em que ao fundo a batucada convive com uma linha de baixo "gorda" e sinuosa. Uma série de efeitos em teclados e pedais de guitarra, além do uso do derbak, faz com que a canção ganhe uma parede sonora constante e hipnótica. Assim, a levada engenhosa faz com que a letra saudosista fique ainda mais deslocada do contexto geral de *LadoB LadoA*.

Faixa nove: O homem amarelo
(Letra e música: O Rappa)

O homem amarelo do samba do morro
O hip hop do Santa Marta
Agarrando um louro na descida da ladeira
Malandro da baixada em terra estrangeira

A salsa cubana do negro oriental
Já é ouvida na Central
Que pega o buzum,
que fala outra língua
Reencontra subúrbios e esquinas

É o comando em mesa de vidro
Que não enumera o bandido

E eu e minha tribo
Brincando nos terreiros
Do mundo

Só misturando pra ver no que vai dar

É notório o paradigma da "mistura" na formação cultura brasileira. Recalcado durante boa parte do século XIX e início do século XX, eclode durante o período entreguerras a partir da obra de Gilberto Freyre, da cultura de massa urbana articulando o samba, peças de teatros de revista e o mundo popular do futebol. O Estado Novo (1937-45) foi um dos agentes centrais na expansão desse pensamento, em um contexto geopolítico chave para o Brasil e o mundo. Claro que, no Brasil, a miscigenação foi positivada como forma de anularmos conflitos de classe no país, em boa parte diretamente vinculados à pobreza das populações negras e mestiças. O paradigma da miscigenação não ofereceu no campo socioeconômico o que foi incorporado no campo simbólico. Populações ligadas às tradições afro-brasileiras e descendentes diretos das últimas famílias de escravos do fim do Império estavam diretamente envolvidos na produção de bens culturais, porém alijados do controle dos mesmos. Assim, ao longo do século XX, tivemos uma permanente desigualdade social lastreada por mediações culturais entre as diferentes partes da sociedade. O Rio de Janeiro, por bom tempo, foi o palco principal disso tudo, constituindo sua própria identidade local em cima dessas mediações entre erudito e popular, europeu e africano, "civilização" e "atraso" e todos os demais pares fixos que circulavam em nossa *belle époque tropical*, para usarmos uma expressão conhecida da época. O carnaval, a música popular, o futebol, o rádio, a religiosidade popular, a comida, enfim, um universo de encontros possíveis fez com que parte da violência cotidiana do país fosse recalcada em tênues pontos de integração, mesmo que quase sempre controlada por um dos lados.

No final do século XX, a situação social começava a mudar. Uma cidade dividida pela violência não conseguia mais sustentar o modelo "carioca" de integração popular. A rua, espaço-chave dessa dinâmica, estava deflagrada em conflitos que, com a cobertura permanente da mídia e da imprensa, faziam do carioca prisioneiro de seus itinerários e de suas casas. O carnaval estava relegado aos desfiles milionários do Sambódromo, o futebol estava em crise e com violência constante nos estádios, a autoestima da população era um tema constante entre formadores de opinião. Nesse contexto, quais seriam as novas formas de manter a integração social e quais seriam as novas formas de "mistura" da cidade? Para a banda O Rappa, era ali, na vida do morro e dos subúrbios do Rio que a vida carioca permanecia um cadinho cultural do país e do mundo.

Em "O homem amarelo", a banda cria mais uma vez um personagem-dobradiça entre a terceira e a primeira pessoa, que enuncia a ação e logo depois assume sua função dentro dela. Há um "homem amarelo", em movimento, descendo a ladeira de um morro. Um morro onde a presença de samba e hip hop já indica a simultaneidade de culturas sonoras locais na favela carioca de fim de século. Do jeito que a letra nos canta, fica dúbio se ele, o "homem amarelo", ou os sons que estão tocando são do Morro do Santa Marta, localizado no bairro de Botafogo. Mas a cena dele descendo a ladeira é logo interrompida e o tom da letra ganha outra conotação. O "loro" é "malandro da Baixada em terra estrangeira". O louro, o amarelo, o alemão? Aparentemente, temos um clássico "vacilão", morador de outra favela da cidade, dando uma volta na favela inimiga. Encontrado, é agarrado na descida da ladeira. O caminho dele, se for como os padrões da época, seria a morte certa.

Essa primeira sequência violenta traz embutida uma lógica tensa de mistura entre polos opostos. Novamente, Lado B e Lado A precisam entrar em choque, criando a faísca que moverá a cidade rumo a um novo arranjo desse "encontro" que se fazia necessário. O inimigo, o estrangeiro, o "alemão", frente a frente com aqueles que são diferentes dele somente por conta de um comando criminoso (uma clara referência às facções que dominavam o crime no Rio de Janeiro do período, como o Comando Vermelho), de uma decisão dos chefes do tráfico ou dos "donos do morro". Os dois ritmos — samba e hip hop — demarcam os pares entre tradição e inovação, criando um cenário para o confronto entre iguais, porém diferentes.

Os versos seguintes aprofundam a dinâmica da mistura feita nas margens da cidade. Ao invocar uma figura transcultural como o "negro oriental" que faz "salsa cubana", a banda amplia o raio de ação da proposta de acirrar diferenças para propor saídas. África e Oriente, elas encontram suas margens "exóticas" na Central do Brasil, ponto de encontro da população trabalhadora da cidade, que articula a chegada e saída dos subúrbios e da Baixada Fluminense a partir de seus trens e ônibus. O "negro oriental" canta sua salsa entre os que falam outra língua, a língua da rua, das esquinas, de quem vive do trabalho e do risco de ser parte da cidade que vive de forma mais intensa a dinâmica da violência.

Faixa dez: Nó de fumaça
(Letra: Marcos Lobato / Música: O Rappa)

Saiu de banda serpenteando
como um peixe ensaboado
Nem o Rio engarrafado
foi capaz de detê-lo

Nas esquinas nas favelas
não se fala de outro assunto

Na muvuca da encrenca
tem inocente tem culpado
E lavadeira não tem trouxa,
fumo novo é batizado

Filé de osso cara inchada,
quem conhece sabe que é do santo
Faca sem ponta segura a onda da roubada

Não se fala de outro assunto

Palmeando as meninas
que estreavam a vida adulta
Não sobrou uma na área
tratamento de puta

Herói de várzea tupamaro
de onde veio, quem pariu
aquele homem de metro e meio
Nó de fumaça que saiu

E com silêncio do santo preto
em igreja errada porta entrou
e de bobeira sentou curvado

E onde o cara caiu
a calçada se fez de cama
Em cima de um palmo de terra
Não nasce mato,
não nasce grama
Pintou o sete do terror
e fez questão de ser do mal
Consciente malandro
sangue ruim, riff e coisa e tal

Não se fala de outro assunto

"Nó de fumaça" foi composta por Marcelo Lobato. Ao contrário de "Favela" (de Xandão e Falcão, uma das letras do disco que não foram compostas por Yuka), a letra de Lobato converge para o clima geral de *LadoB LadoA* ao narrar de forma indireta a trajetória de um anti-herói que atravessa a cidade por entre suas mazelas. É o personagem que enfrenta o engarrafamento, os pecados, as mulheres e, aparentemente, até mesmo a morte para expandir sua "consciência malandra".

Esse "sangue ruim", no último verso da canção, surge como um possível músico em situação-limite ao ter "riff e coisa e tal". Talvez seja por isso que sua história se torna famosa. O malandro transmutado em Tupamaro, herói de várzea, personagem revolucionário da quebrada nossa de cada dia. A ideia popular do falatório urbano — "não se fala de outro assunto" — faz com que se escute na canção a narrativa oral que atravessa espaços e chega ao ouvido de todos. Morte famosa, quase morte santa, a morte de tantos que ficaram pelo caminho nas guerras entre o tráfico e a polícia carioca. Seu cadáver caiu no meio da rua, e talvez tenha aliviado a todos, já que era ele quem pintava "o sete do terror". A imagem de que "não nasce grama" no local onde alguém é sepultado é um dito popular para demonstrar sua maldade.

E por que O Rappa perseguiu ao longo do seu disco esse personagem, esse anti-herói que a cultura carioca produz em seu cotidiano, ao menos em sua mais transgressora vertente? Conviver com a marginalidade urbana sem fazer parte dela é possível para aqueles que atravessam as fronteiras de classe, cor e espaço de uma cidade como o Rio de Janeiro? Em *LadoB LadoA* a opção d'O Rappa foi sobrepôr a narrativa de sua música à narrativa desses anti-heróis. Com essa opção, eles se juntam à geração de Hélio Oiticica, Waly Salomão, Jards Macalé e outros que, nos anos 1960 e 1970, cruzaram tais espaços e circularam pela Mangueira, pelo Morro de São Carlos, pelo Mangue, pela Central do Brasil, por cadeias e botecos, incorporando em suas criações a vida à margem. Há no Rio uma verdadeira linhagem ética e estética entre artistas, moradores de comunidades, bandidos etc. Os ambientes em que uma vida popular carioca foi gestada na cidade foram sempre de encontros, como no Zicartola, nos bailes do Black Rio, nos bailes funk e outros espaços contemporâneos. Não à toa, a música é sempre agente central nesse cruzamento, talvez por sua fórmula cancional disseminada entre diferentes classes sociais, talvez pela sua circularidade oral, talvez pela sua forma que não obriga ninguém a saber ler ou escrever para fruir suas palavras e melodias. O fato é que Hélio Oiticica mergulhou na Escola de Samba da Estação Primeira da Mangueira, e que junto com Waly Salomão "descobriu" Luiz Melodia no Morro de São Carlos. Já mais próximo do período de Yuka e companhia, o tráfico de drogas teve relação profícua com o funk carioca durante longo período, fazendo com que as gírias e histórias de seu universo circulassem por toda a cidade e audições.

Em "Nó da fumaça", assim como em "Cristo Oxalá", "O homem amarelo" ou em "Na palma da mão", todos os personagens são compostos por estilhaços da vida de uma pessoa ligada, em 1999, ao tráfico de drogas e às vidas que são criadas — e perdidas — ao redor dessa clave. A violência da cidade eclode sem filtros ou indiretas. Em "Nó de fumaça", como dito acima, esses estilhaços podem ser vistos na fusão de revolução política, religião (o "santo preto" na igreja), caos urbano, miséria social, bandidagem e cultura urbana. Termos como "fumo novo é batizado" cria automaticamente um dialeto íntimo com o ouvinte. Saber que "batizar" alguma substância é o termo do tráfico para dizer que a droga será misturada, diluída, é saber como se fala dentro do comércio ilegal. E, claro, em um período totalmente carregado de violência na mídia e na vida como era aquele, não precisávamos fazer parte do tráfico ou ser usuário de drogas para conhecer — e repetir — essas mesmas gírias.

Faixa onze: A todas comunidades do Engenho Novo
(Letra: Marcelo Falcão / Música: O Rappa)

Eu moro na comunidade do Engenho Novo
A todas as comunidades do Engenho Novo

Tenho referencial para chegar no
Bairro então
Souza Barros 24 e a Marechal Rondon
Tem Buraco do Padre para quem
Quiser passar
Tem igreja Conceição para quem
Quiser rezar

A todas as comunidades do Engenho Novo
Eu moro na comunidade do Engenho Novo

Em todo lugar pela-saco tem
No Engenho não é diferente
Tem pela-saco também
Pra não parecer que é marra minha,
Meu irmão no Engenho tem gente fina
Gatinha e sangue bom
Todo mundo diz que o funqueiro

É um animal
Pela-saco falador tem tudo que
Tomar um pau

Quando chega a tarde a sensação
É o futebol
E a noite com a gatinha
Curtir um baile na moral

É, a todos os bailes eu quero agradecer
Tem Sargento, Magnatas e também
o Garnier
Céu Azul, Matriz, Rato Molhado, Jacaré,
São João, Mangueira, Sampaio, fiquei na fé

Cabeça feita em casa ou em qualquer lugar
Pra quem gosta do assunto vamos
Logo "shapear"
Quando chega a tarde
No Parque Santos Dumont
Pra quem não conhece o Engenho
Tá convidado sangue bom

Eu moro na comunidade do Engenho Novo,
À todas as comunidades do Engenho Novo

Partideiro que é partideiro não
Pode vacilar
Quando entra no samba tem
Que versar
Quando entra no samba

Não pode ficar de blá-blá-blá
Muitas pessoas vão se
Influenciar
E vão falar pra você
Não aparecer mais por lá

Só que a questão
Camarada sangue bom
É tudo sem interesse
É tudo de coração
Quem fuma, quem fuma,
Quem bebe, quem cheira
Tem que chegar no sapatinho
E não ficar de bobeira

Porque quem está lá em cima
Não tá de vacilação
Está de olho no movimento
Está de olho na situação

Quem está lá em cima
Não está de bobeira não
Está ligado no movimento
Está ligado na situação

Morteiro na mão,
Estrondo no ar
Avisando que a polícia
Qualquer hora vai chegar

O morro amado
Ao mesmo tempo temido

Comandado por irmãos
Comandado por amigo
Só que a questão
Camarada sangue bom
É tudo sem interesse
É tudo coração

Como já dizia Cartola
As rosas não falam
Se eles choram
Por que é que eu vou chorar
Eu vou me emocionar
Quando a minha escola
Na avenida entrar
Mostrando ao mundo
O que eu quero ver
Como já dizia Renatinho,
Valtinho, Cotoco
É Mangueira verdadeira
Área de lazer

Quarta e sexta-feira
Rola o futebol
O morro desce em peso
Pra jogar na moral
A regra aqui uma falta
Não existe
Se não gostou vacilão
Fica de fora e assiste
É, eu moro lá, eu moro lá,
Engenho Novo, Engenho Novo

"A todas comunidades do Engenho Novo", de Marcelo Falcão, merece apenas uma breve nota, já que é uma canção autoexplicável e direta. Com levada hipnótica e sem grandes variações, a banda faz uma cama sonora para que seu vocalista teça loas ao seu bairro de origem. Espécie autobiografia musical, vemos em longos versos Falcão nos apresentar seu bairro, seus hábitos, seus amigos e sua trajetória pessoal. Nessa homenagem, espécie de protorrap cantado de forma malandra e extremamente carioca, coalhada de gírias, vemos mais uma vez alguns dos elementos que percorrem a lírica de *LadoB LadoA*.

Primeiro ponto que vale a pena destacar é a fusão da ideia de "comunidade", termo politicamente correto para se falar de favelas, e, ao mesmo tempo, termo comum para se falar de um aglomerado de pessoas e casas. O Engenho Novo é um bairro tradicional da zona norte do Rio de Janeiro, portanto não é uma "comunidade" no sentido que conhecemos no Rio. Mesmo assim, o uso dessa palavra para falar de seu bairro de origem faz com que Falcão faça um engenhoso deslocamento, legitimando sua veia "popular" em um bairro classe média, rodeado até então por várias favelas — ou comunidades. Comunidades essas que são elencadas por Falcão, como Rato Molhado, Jacarezinho e São João, ou outras localizados nos bairros vizinhos, como Vila Isabel, Mangueira, Méier ou Lins de Vasconcelos.

Outro ponto que vale destacar para articular a canção com o corpo geral do disco é, novamente, a sugestão de uma relação íntima e positivada do cantor/letrista/intérprete com o tráfico de drogas. Música após música, a banda vai nos descortinando um cenário inevitável para o jovem que crescia nos subúrbios e nas comunidades mais pobres da cidade. Falcão afirma que não havia fronteira entre o baile funk, o futebol e a missão do olheiro do tráfico. Aquele que estoura o morteiro no alto do morro avisando para os parceiros a chegada da polícia na comunidade. Afinal, o morro "amado" é também "temido" é comandado por irmãos-amigos. Não há porque separar universos que são organicamente ligados. A história de Falcão e de sua vida no Engenho Novo é a história de muitos e muitos outros cariocas que viram seus amigos e parentes tornarem-se traficantes ou colaborarem de alguma forma para o tráfico. Alguns saíram para contar as histórias. Muitos morreram no exercício da profissão. Marcelo Falcão, como narra em sua letra, ficou vivo para cantar essa memória que é sua, que é d'O Rappa e que, hoje, é de todos que viveram histórias parecidas com as deles.

Faixa doze: Na palma da mão

(Letra: Marcelo Yuka / Música: O Rappa)

O negro pisou no topo do morro
Pegou sua viola e tocou pro povo
Pro povo do crime
Que foi chegando e colocando
As suas armas devagar no chão
O mesmo chão que guardou o sangue
O mesmo chão de correrias
O mesmo chão de tantas famílias
Que hoje batucam o mesmo som

Na palma da mão pra aliviar,
O negro brilhou e ajudou
Aquelas almas distorcidas pela guerra
Só com a viola, só com a voz
Só com a viola e suas ideias
O negro falou e falou alto
Inspirou uma calma
E misteriosamente alegre é
Sufocando o pior dos bandidos

E em troca deixou lágrimas
nos olhos do artista

Lágrimas, lágrimas
Na palma da mão pra aliviar
Hoje, mesmo hoje quando o barulho dos tiros
Sinaliza o que acontece lá
O que acontece lá

Uma comunicação silenciosa se faz
Com a memória das armas no chão
Por algum momento
ganhando outra missão

Na segunda faixa produzida por Bill Laswell, vemos logo em sua abertura toda a presença "grave" do músico e produtor inglês. Com sete minutos de duração, é a faixa que fecha o disco e libera a banda para apresentar seu reggae 2.0, pleno de dub, de scratches, de efeitos e verve hipnótica. Laswell extrai da banda sua melhor performance sonora em *LadoB LadoA* por conseguir apontar um possível futuro que, com a saída prematura de Marcelo Yuka, foi alterado radicalmente.

A levada reta da bateria de Yuka e o baixo pesado e galopante de Lauro Farias faz com que "Na palma da mão" ganhe um sentido progressivo em sua melodia. Nos empurra para frente, e, de certa forma, articula-se com a letra, também de Yuka. Mais uma vez, temos a pauta da criminalidade, do tráfico, dos morros cariocas. Aqui, porém, há uma ode ao ponto de convergência, ao espaço do encontro, ao sinal de que há uma possibilidade de o conflito ser superado através da arte e, mais especificamente, da música.

A figura central da canção é um alter ego de Yuka (e de toda a banda): um músico, que sobe o morro, conhece os traficantes em uma conversa e consegue com eles um momento de lazer, desarmados, ao redor de um violão. Como é um exímio construtor de imagens, a situação da letra é concreta, palpável. Sabemos que o próprio Yuka teve contato com nomes como Marcinho VP e foi profundamente impactado pela sua personalidade. Mais uma vez, vemos aqui a proposição da "ponte" entre a arte e o crime, entre as diferentes cidades, entre a morte e a possibilidade de vida. Yuka sabe manejar os signos exatos no seu discurso de redenção do crime pela música. Claro que, como bom malandro, ele não espera que o traficante abandone o crime por conta de uma canção. Mas a brecha em que ele larga a arma no chão para tocar o violão e bater palma acompanhando a música é uma possibilidade aberta. Afinal, por um momento, todos "batucam o mesmo som". A mão, outro símbolo exato, que une o trabalhador braçal, o traficante com as armas e o músico (o baterista, baixista, guitarrista, pianista, por exemplo, as usam para tocar), amarra a canção como um nó que permite a coexistência dos mundos, como se fosse possível uni-las em prol de um ideal maior. Por fim, o "chão", espaço popular onde pés descalços transitam e ao qual nos referimos quando queremos falar de nossas raízes ("meu pedaço de chão"). Os versos finais nos mostram como a música cria a conexão permanente entre as partes do encontro. Quando o músico ouvir os sons decorrentes do conflito entre criminosos e policiais, lembrará que aqueles que atiram e morrem podem também dar outra missão às mãos, batendo palmas na roda de samba e tocando violão. É através da memória de um momento fugaz que toda uma rede de sentidos e sensações é ativada. O músico, no conforto de sua casa, ouve o barulho dos tiros (som comum para quem morava perto de comunidades em conflito) e, ao invés de mostrar medo, mostra afeto. Sua lembrança é a garantia de sanidade, pois sabe que aquele que carrega o fuzil, também pode ter um momento de comunhão através da música.

Como nota final, vale também dizer que a banda, na época do disco, estava lançando uma campanha cujo nome era o mesmo da canção. "Na palma da mão" era uma espécie de carta de intenções dos projetos sociais ao redor d'O Rappa. O CD vinha, inclusive, com uma espécie de cupom bancário para que fossem feitos depósitos em nome do projeto e da FASE, ONG que funcionava como redistribuidor central para diversos outros projetos com jovens e comunidades.

Nota final

Em novembro de 2000, o baterista e principal compositor d'O Rappa, Marcelo Yuka, sofreu uma confusa tentativa de assalto na rua José Higino, em seu bairro, a Tijuca. O resultado, todos conhecem: Yuka acabou sendo baleado e ficou paraplégico. O incidente fez com que ele saísse da banda no ano seguinte, 2001. O autor das canções que propunha algum tipo de comunhão entre as partes cerzidas da cidade, o poeta que refletia sobre as possibilidades da violência urbana carioca ter uma saída através da arte e da música, foi brutalmente retirado de circulação por um bom tempo.

De certa forma, a tragédia que viveu e sua saída da banda fizeram com que *LadoB LadoA* fosse o fim de um ciclo. Da trilogia inicial da banda, em que as letras de Yuka são parte central, do perfil carioca e malandro dos seus hits, da contundência política de suas ações. A vida de Marcelo Yuka e dos demais integrantes d'O Rappa caminharam por vias bem distintas e as histórias estão aí registradas em músicas e livros para serem conhecidas. Cada um que tire seu ponto de vista. Neste texto, foi inevitável assumir o ponto de vista mais próximo ao baterista, cujas letras norteiam não só o disco em questão, mas todo o imaginário construído ao redor da banda. Talvez, esse imaginário perdure de forma difusa até hoje, mesmo entre fãs que não sabem mais como era

O Rappa com Yuka. Assim, o compositor e letrista, mesmo sabendo que a participação da banda era fundamental na construção das canções, nas suas harmonias, melodias e ideias, torna-se uma figura que transcendeu os limites de um grupo musical e atingiu o cerne do pensamento poético e político de uma geração. E *LadoB LadoA* foi talvez um dos momentos mais marcantes daquele tempo, sua narrativa definitiva. Fecho o livro, portanto, com uma frase de Yuka, de sua biografia *Não se preocupe comigo.* Frase que diz muito do compositor, mas também do disco que percorri ao longo dessas páginas: "Sou o cara para viver, para sentir, para narrar a interseção deste Rio de Janeiro sem pender para um lado nem para o outro."

Bibliografia

GILROY, Paul. *O Atlântico negro — modernidade e dupla consciência*. São Paulo: Ed. 34; Rio de Janeiro: UCAM, 2001.

KRISTEVA, Julia. "Tocata e fuga para o estrangeiro". In: *Estrangeiros para nós mesmos*. Rio de Janeiro: Rocco, 1994.

LEVINSON, Bruno. *Não se preocupe comigo — Marcelo Yuka*. Rio de Janeiro: Sextante, 2014.

MACEDO, Suzana. *DJ Marlboro na terra do funk*. Rio de Janeiro: Dantes/Prefeitura do Rio de Janeiro, 2003.

PIRES, Ericson. *Cidade ocupada*. Rio de Janeiro: Aeroplano, 2007.

RAMOS, Sílvia. "Respostas brasileiras à violência e novas mediações: o caso do Grupo Cultural Afroreggae e a experiência do projeto Juventude e Polícia". *Ciênc. saúde coletiva* [online]. 2006, vol. 11, nº 2.

VIANNA, Hermano. *O mundo funk carioca*. Rio de Janeiro: Zahar, 1988.

ZALUAR, Alba. "Pra não dizer que não falei de samba: os enigmas da violência no Brasil". In: SCHWARCZ, Lilia Moritz (org.). *História da vida privada no Brasil 4 — Contrastes da intimidade contemporânea*. São Paulo: Companhia das Letras, 1998.

YUKA, Marcelo. *Astronauta daqui*. Rio de Janeiro: Leya, 2012.

© Editora de Livros Cobogó

Editoras
Isabel Diegues
Barbara Duvivier

Editora assistente
Julia Barbosa

Organização da coleção
Frederico Coelho
Mauro Gaspar Filho

Coordenação de produção
Melina Bial

Assistente editorial
Catarina Lins

Revisão
Vanessa Gouveia

Capa
Radiográfico

Projeto Gráfico e Diagramação
Mari Taboada

CIP-BRASIL. CATALOGAÇÃO-NA-FONTE
SINDICATO NACIONAL DOS EDITORES DE LIVROS, RJ

      Coelho, Frederico
C616L   Lado B, lado A: o Rappa (1999) / Frederico Coelho. – 1. ed. – Rio de
    Janeiro: Cobogó, 2014.
            128 p.; 19 cm. (O livro do disco)

    ISBN 9788560965
    1. Música. 2. Rappa (Conjunto musical). I. Título. II. Série.

14-17532   CDD: 782.42164
                                                                       CDU: 78.067.26

Nesta edição, foi respeitado o Acordo Ortográfico da Língua Portuguesa
de 1990, que entrou em vigor no Brasil em 2009.

Todos os direitos em língua portuguesa reservados à
Editora de Livros Cobogó Ltda.
Rua Jardim Botânico, 635/406
Rio de Janeiro – RJ – 22470-050
www.cobogo.com.br

O LIVRO DO DISCO

Organização: Frederico Coelho | Mauro Gaspar

The Velvet Underground and Nico | *The Velvet Underground*
Joe Harvard

Tábua de Esmeralda | *Jorge Ben*
Paulo da Costa e Silva

Estudando o samba | *Tom Zé*
Bernardo Oliveira

Daydream Nation | *Sonic Youth*
Matthew Stearns

Endtroducing... | *DJ Shadow*
Eliot Wilder

NO PRELO

Songs in the Key of Life | *Stevie Wonder*
Zeth Lundy

Unknown Pleasures | *Joy Division*
Chris Ott

2014

1ª impressão

Este livro foi composto em Helvetica.
Impresso pela gráfica Stamppa,
sobre papel Offset 75g/m².